하루

# 1문1답 영어 말하기의 기적

기초편

# 하루 1문1답 영어 말하기의 기적이란?

INTRODUC

# 100개의 영어 답변을 말해 보며 400개의 회화 표현을 자연스럽게 익혀 영어 말하기가 된다!

'하루 1문1답 영어 말하기의 기적' 시리즈는
'기초편'과 '확장편', 총 2권으로 구성되어 있으며,
자기 자신, 일상, 일, 문화, 사회 문제 등 다양한 주제에 걸쳐
영어로 말하는 방법을 배우며 회화 표현을 익힐 수 있는 교재입니다.

### 하루 1문1답 영어 말하기의 기적 기초편

Ch 1. '나'라는 사람에 대해 영어로 말하기
Ch 2. 나의 생활 패턴에 대해 영어로 말하기
Ch 3. 나의 주변 사람에 대해 영어로 말하기
Ch 4. 내가 좋아하는 것들에 대해 영어로 말하기
Ch 5. 나의 직장 생활에 대해 영어로 말하기
Ch 6. 나의 경험 & 추억에 대해 영어로 말하기

### 하루 1문1답 영어 말하기의 기적 확장편

Ch 1. 일에 대해 영어로 말하기
Ch 2. 문화에 대해 영어로 말하기
Ch 3. 사회에 대해 영어로 말하기
Ch 4. 인터넷에 대해 영어로 말하기
Ch 5. 스마트폰 & 소셜미디어에 대해 영어로 말하기
Ch 6. 기타 다양한 주제들에 대해 영어로 말하기

**'기초편'**에서는 '나'를 중심으로 이야기해 볼 수 있는

6가지 주제 관련 질문들에 대해

**총 50개의 영어 답변**을 말해 보며

**총 200개의 회화 표현**을 익히게 됩니다.

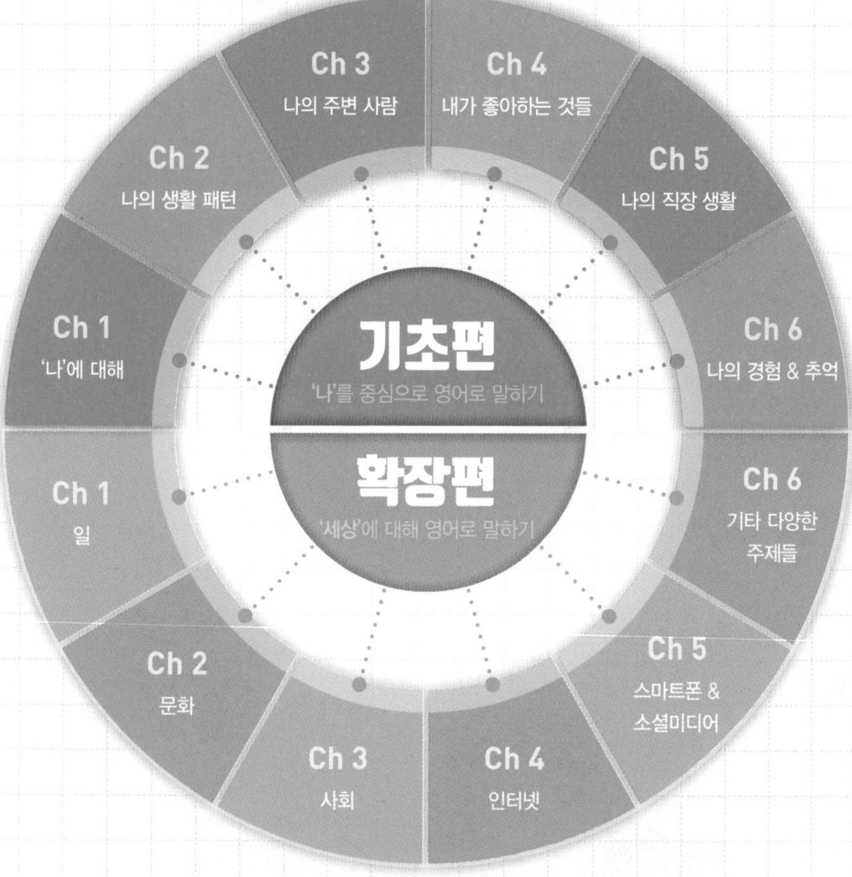


**'확장편'**에서는 '세상'에 관한 좀 더 심도 깊은

6가지 주제 관련 질문들에 대해

**총 50개의 영어 답변**을 말해 보며

**총 200개의 회화 표현**을 익히게 됩니다.

# 1개 영어 질문마다 1분 영어 답변을 하며 영작+말하기+어휘 실력 UP!

다양한 주제별로 등장하는 모든 질문에
약 4문장으로 구성된 '1분짜리 영어 답변'을 말해 보게 되며,
각 질문당 1분 영어 답변 훈련은 총 '5가지 STEP'에 따라 진행됩니다.

Lesson 007

내가 사는 동네의 장단점

What do you like or dislike about your neighborhood?

당신은 당신의 동네와 관련해 무엇을 좋아하거나 싫어하나요?

이런 내용으로 답해 보면 어떨까요?

저는 제가 사는 동네에 편의 시설들이 많이 있다는 점이 좋습니다. 제가 사는 동네 중심가엔 대형 마켓이 있어서, 쇼핑하러 가기에 좋습니다. 또한, 집 근처에 공원이 있어서, 전 그곳에서 산책을 하거나 자전거를 탈 수 있습니다. 하지만 저는 지하철역이 집에서 너무 멀다는 점이 싫습니다.

54 하루 1문1답 영어 말하기의 기적 - 기

## STEP 1

### 질문 보기 & 답변 뼈대 잡기

학습을 시작하게 되면, 각 주제별로 다양한 영어 질문을 받게 됩니다. 그리고 각각의 영어 질문 아래엔 '한글'로 된 예상 답변이 등장하게 되고, 학습자들은 한글로 된 예상 답변을 먼저 보면서 자신이 영어로 어떤 내용을 말하게 될지 미리 추측하며 생각을 정리해 볼 수 있습니다.

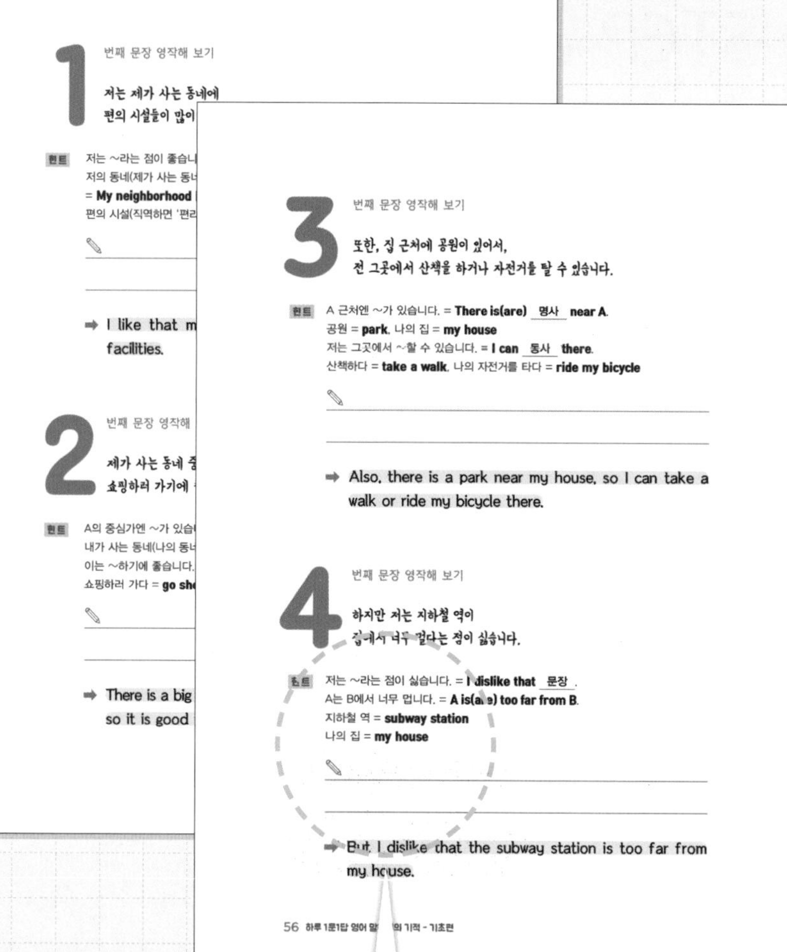


# STEP 2

## 답변 스스로 영작해 보기

영어 질문을 파악하고 한글로 된 예상 답변을 본 후엔, 예상 답변 속에 나와 있던 한글 문장들을 하나씩 영작해 보게 됩니다. 각 문장을 영작할 때엔, 학습자들이 참고할 수 있는 영어 표현들이 힌트로 주어지고, 힌트 하단엔 문장을 직접 써 볼 수 있는 공간과 영작 정답이 주어집니다.

HOW TO

## '1분 영어 말하기 훈련 영상'을 보며 답변 말해 보기

앞서 배운 각각의 문장들을 모두 뭉뚱그려, 1개의 완벽한 영어 답변을 스스로 말해 보게 됩니다. 또한 각각의 답변마다 '1분 영어 말하기 훈련 영상(QR코드를 스캔 후 시청)'이 제공되기 때문에, 학습자들은 영상을 통해 원어민의 음성을 듣고 직접 따라 말하며 발음, 억양까지 정확하게 학습할 수 있습니다.

A

MP3 007

**자, 이제 1분 동안 '영어'로 답해 볼까요?**

① 도서 내 수록된 QR코드를 스캔한 후 '1분 영어 말하기 훈련 영상'이 재생되면,
② 원어민이 직접 녹음한 문장들을 한 문장씩 듣고 따라 말하는 연습을 하고,
③ 한 문장씩 말하는 연습을 끝낸 후엔, 1분짜리 영어 답변을 스스로 말해 봅니다.

1 I like that my neighborhood has many convenient facilities. 2 There is a big market in the center of my neighborhood, so it is good for going shopping. 3 Also, there is a park near my house, so I can take a walk or ride my bicycle there. 4 But I dislike that the subway station is too far from my house.

**오늘의 영어회화 필수표현 총정리**

026 **I like/dislike that** 문장 . = 저는 ~라는 점을 좋아/싫어합니다.
027 **A have(has)** 명사 . = A는 ~을 갖고 있습니다. (A엔 ~가 있습니다.)
028 **It is good for** 동사-ing . = 이는 ~하기에 좋습니다.
029 **A is(are) too far from B.** = A는 B에서 너무 멉니다.

MP3 007

**자, 이제 1분 동안 '영어'로 답해 볼까요?**

① 도서 내 수록된 QR코드를 스캔한 후 '1분 영어 말하기 훈련 영상'이 재생되면,
② 원어민이 직접 녹음한 문장들을 한 문장씩 듣고 따라 말하는 연습을 하고,
③ 한 문장씩 말하는 연습을 끝낸 후엔, 1분짜리 영어 답변을 스스로 말해 봅니다.

1 I like that my neighborhood has many convenient facilities. 2 There is a big market in the center of my neighborhood, so it is good for going shopping. 3 Also, there is a park near my house, so I can take a walk or ride my bicycle there. 4 But I dislike that the subway station is too far from my house.

**오늘의 영어회화 필수표현 총정리**

026 **I like/dislike that** 문장. = 저는 ~라는 점을 좋아/싫어합니다.
027 **A have(has)** 명사. = A는 ~을 갖고 있습니다. (A엔 ~가 있습니다.)
028 **It is good for** 동사-ing. = 이는 ~하기에 좋습니다.
029 **A is(are) too far from B.** = A는 B에서 너무 멉니다.

is too fa
오늘의 영
026 I like/dislike that 문장.
027 A have(has) 명사. = A는
028 It is good for 동사-ing.
029 A is(are) too far from B.

# STEP 4

## 답변 속 영어회화 필수표현 익히기

영상을 보며 '1분 영어 답변 말하기 훈련'까지 마친 후엔, 그날 배운 핵심적인 영어회화 필수표현을 정리하며 하루의 학습을 마무리합니다.

HOW TO

# STEP 5

## 1문1답 영어회화 필수표현 200개 한눈에 모아 보기

교재를 모두 공부한 후 부록을 활용해 복습합니다. 1문1답 영어회화 필수표현 200개의 패턴을 하나씩 짚어 보면서, 새로운 문장을 영작해 영어로 말해 볼 수 있는지 스스로 테스트합니다. 한 번에 되지 않는다면 노트에 영작을 먼저 하는 연습을 충분히 한 뒤, 말하기 연습을 해 보는 방법도 있습니다. 이때 입 밖으로 소리 내어 말하는 과정은 필수입니다.

**1문1답 영어회화 필수표현 200**

□ 001 **My name is 본인의 이름 .** = 제 이름은 ~입니다.
□ 002 **I'm 나이만큼의 숫자 now.** = 저는 현재 ~살입니다.
□ 003 **I studied 전공 at a college.** = 저는 대학에서 ~을 공부했습니다.
□ 004 **I'm a(an) 형용사 person.** = 저는 ~한 사람입니다.
□ 005 **I (really) like 명사 .** = 저는 ~을 (정말) 좋아합니다.
□ 006 **I think 문장 .** = 제 생각에 ~입니다. (저는 ~라고 생각합니다.)
□ 007 **I have a(an) 형용사 personality.** = 저는 성격이 ~합니다.
□ 008 **I always 동사 .** = 저는 항상 ~합니다.
□ 009 **I like to 동사 .** = 저는 ~하는 걸 좋아합니다.
□ 010 **I'm 형용사 in my work.** = 저는 일에 있어 ~합니다.
□ 011 **I always 동사 before I 동사 .** = 저는 ~하기 전 항상 ~
□ 012 **It helps me 동사 .** = 이것은 제가 ~하도록 해줍니다
□ 013 **when it comes to 명사** = ~을 보자면 (~에 관해
□ 014 **when I 동사** = 전 ~하면 (전 ~할 때면)
□ 015 **I'm not that good at 동사-ing .** = 저는 ~하는
□ 016 **I don't think 문장 .** = 저는 ~하지 않다고 생
□ 017 **I'm trying to be 형용사 .** = 저는 ~해지려고
□ 018 **I tend to 동사 .** = 저는 ~하는 경향이 있습니
□ 019 **I often 동사 .** = 저는 종종 ~합니다.
□ 020 **have trouble with 명사** = ~에 있어 어려움을
□ 021 **no matter how hard I 동사** = 내가 아무리 열심히
□ 022 **Now, I'm living in 장소 .** = 현재, 저는 ~에 거주하고 있
□ 023 **I've been living here for 기간 .** = 전 이곳에서 ~ 동안 거주해
□ 024 **I have to 동사 .** = 저는 ~해야 합니다.
□ 025 **There is(are) 명사 .** = ~가 있습니다.



□ 001 My name is 본
□ 002 I'm 나이만큼의 숫자
□ 003 I studied 전공 at
□ 004 I'm a(an) 형용사
□ 005 I (really) like 명
□ 006 I think 문장

# 5가지 STEP의 핵심
# 딱 3가지만 기억하세요!

Lesson 007

Q

**내가 사는 동네의 장단점**

**What do you like or dislike about your neighborhood?**

당신은 당신의 동네와 관련해 무엇을 좋아하거나 싫어하나요?

1 다양한 주제의 질문에 대해

1 I like that my neighborhood has many convenient facilities. 2 There is a big market in the center of my neighborhood, so it is good for going shopping. 3 Also, there is a park near my house, so I can take a walk or ride my bicycle there. 4 But I dislike that the subway station is too far from my house.

오늘의 영어회화 필수표현 총정리

026 **I like/dislike that** 문장 . = 저는 ~라는 점을 좋아/싫어합니다.

2 1분 영어 답변을 하며 말하기 실력을 키우고

there is a park near my house, so I can take a walk or ride my bicycle there. 4 But I dislike that the subway station is too far from my house.

오늘의 영어회화 필수표현 총정리

026 **I like/dislike that** 문장 . = 저는 ~라는 점을 좋아/싫어합니다.
027 **A have(has)** 명사 . = A는 ~을 갖고 있습니다. (A엔 ~가 있습니다.)
028 **It is good for** 동사-ing . = 이는 ~하기에 좋습니다.
029 **A is(are) too far from B.** = A는 B에서 너무 멉니다.

Chapter 2 57

3 그 안의 핵심 표현들까지 자연스럽게 익히면

# 배운 것들이
# 진짜 입 밖으로 나오는 기적이 일어납니다!

VIDEOS

동 영 상 학 습 지 원 ▶

# 교재의 모든 영어 답변을 1분 영어 말하기 훈련 영상과 함께 학습!

교재에 수록된 모든 영어 답변 100개를 활용한 '1분 영어 말하기 훈련 영상' QR코드입니다.

**기초편 Lesson 1~50**

휴대폰으로 해당 QR코드를 스캔하셔서 지금 바로 확인해 보세요.

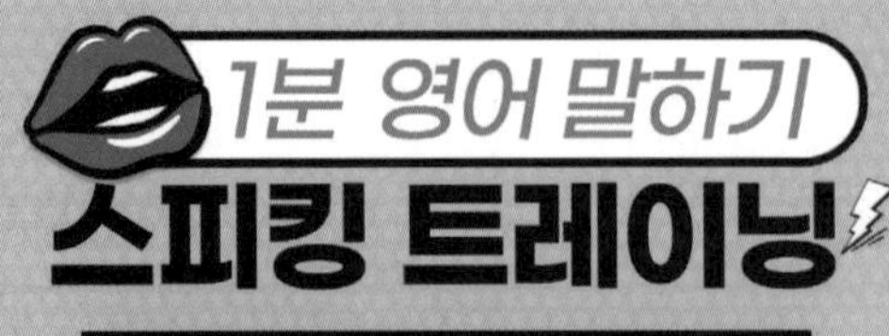


영어 말하기

스피킹 트레이닝

Lesson 100

## 영상의 길이는 4분 미만이며, 훈련은 아래와 같은 순서로 진행됩니다.

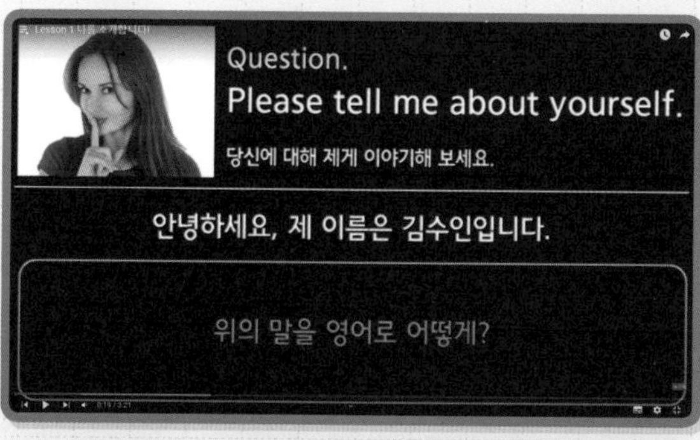


**STEP 1**

영상이 재생되면 질문과 함께 한글 문장이 하나씩 등장하게 됩니다. 이때 머릿속으로 각 문장을 어떻게 영작할지 스스로 생각해 봅니다.

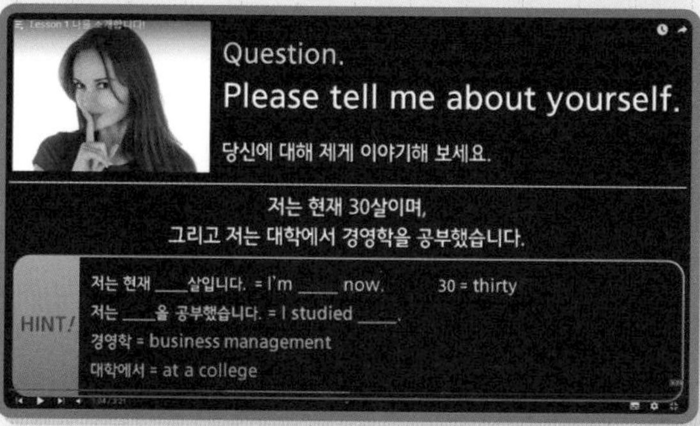


**STEP 2**

스스로 영작을 준비하는 동안, 영작을 할 때 힌트가 되는 표현들이 약 10초간 화면에 등장합니다. 이때 힌트를 보며 스스로 영작해 봅니다.

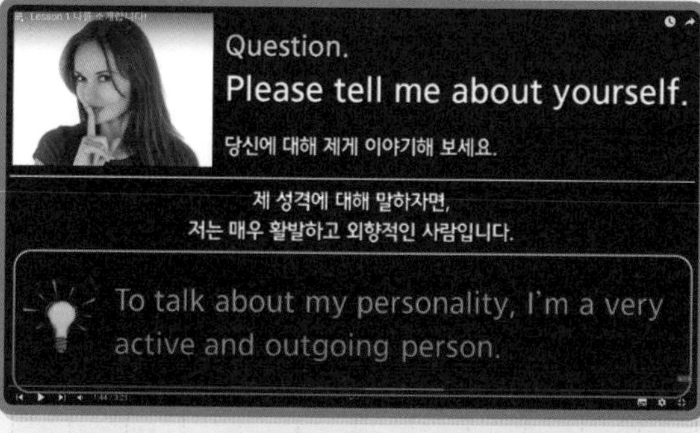


**STEP 3**

스스로 영작을 하고 난 뒤엔 영어 문장이 화면에 나옵니다. 각 문장은 원어민이 3번씩 읽어 주게 되며, 이때 이를 따라 말하며 연습합니다.

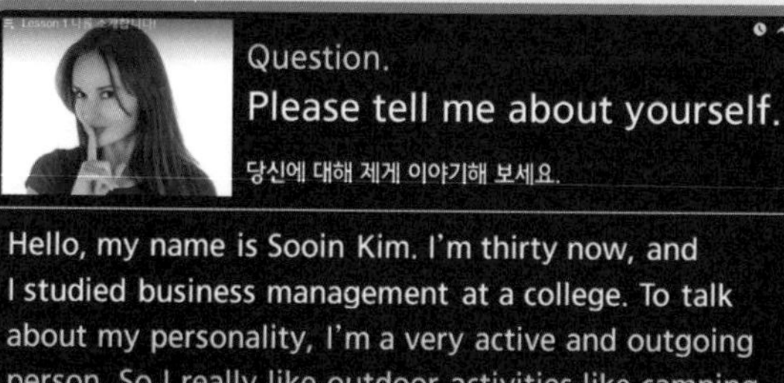


**STEP 4**

각 문장을 연습한 뒤엔, 전체 답변을 원어민의 음성으로 듣고 이를 따라 말해 봅니다. 이렇게 전체 답변까지 말하고 난 뒤엔 훈련이 종료됩니다.

# 이 책 의 차 례

## 【Chapter 4】 내가 좋아하는 것들에 대해 영어로 말하기



## 【Chapter 5】 나의 직장 생활에 대해 영어로 말하기



## 【Chapter 6】 나의 경험 & 추억에 대해 영어로 말하기

PLANNER

학습계획표

# 학습 계획표 활용 방법

❶ 각 Lesson별로 자신이 학습한 날짜를 기재합니다.

❷ 그리고 각 Lesson에 따른 교재의 내용을 학습했는지,

❸ 그리고 교재 학습을 마무리한 후, '1분 말하기 훈련 영상'까지 제대로 학습했는지 □에 ✓표시를 하도록 하세요.

| 학습 내용 | | 학습 날짜 | 학습 완료 여부 체크 |
|---|---|---|---|
| Ch 1 | Lesson 001 | 월 일 | 교재 학습 □ 영상 훈련 □ |
| | Lesson 002 | 월 일 | 교재 학습 □ 영상 훈련 □ |
| | Lesson 003 | 월 일 | 교재 학습 □ 영상 훈련 □ |
| | Lesson 004 | 월 일 | 교재 학습 □ 영상 훈련 □ |
| | Lesson 005 | 월 일 | 교재 학습 □ 영상 훈련 □ |
| Ch 2 | Lesson 006 | 월 일 | 교재 학습 □ 영상 훈련 □ |
| | Lesson 007 | 월 일 | 교재 학습 □ 영상 훈련 □ |
| | Lesson 008 | 월 일 | 교재 학습 □ 영상 훈련 □ |
| | Lesson 009 | 월 일 | 교재 학습 □ 영상 훈련 □ |
| | Lesson 010 | 월 일 | 교재 학습 □ 영상 훈련 □ |
| | Lesson 011 | 월 일 | 교재 학습 □ 영상 훈련 □ |
| | Lesson 012 | 월 일 | 교재 학습 □ 영상 훈련 □ |
| | Lesson 013 | 월 일 | 교재 학습 □ 영상 훈련 □ |
| | Lesson 014 | 월 일 | 교재 학습 □ 영상 훈련 □ |
| Ch 3 | Lesson 015 | 월 일 | 교재 학습 □ 영상 훈련 □ |
| | Lesson 016 | 월 일 | 교재 학습 □ 영상 훈련 □ |
| | Lesson 017 | 월 일 | 교재 학습 □ 영상 훈련 □ |
| | Lesson 018 | 월 일 | 교재 학습 □ 영상 훈련 □ |
| | Lesson 019 | 월 일 | 교재 학습 □ 영상 훈련 □ |
| | Lesson 020 | 월 일 | 교재 학습 □ 영상 훈련 □ |
| | Lesson 021 | 월 일 | 교재 학습 □ 영상 훈련 □ |

| Ch | Lesson | 월 | 일 | 교재 학습 | 영상 훈련 |
|---|---|---|---|---|---|
| Ch 4 | Lesson 022 | 월 | 일 | 교재 학습 ☐ | 영상 훈련 ☐ |
| | Lesson 023 | 월 | 일 | 교재 학습 ☐ | 영상 훈련 ☐ |
| | Lesson 024 | 월 | 일 | 교재 학습 ☐ | 영상 훈련 ☐ |
| | Lesson 025 | 월 | 일 | 교재 학습 ☐ | 영상 훈련 ☐ |
| | Lesson 026 | 월 | 일 | 교재 학습 ☐ | 영상 훈련 ☐ |
| | Lesson 027 | 월 | 일 | 교재 학습 ☐ | 영상 훈련 ☐ |
| | Lesson 028 | 월 | 일 | 교재 학습 ☐ | 영상 훈련 ☐ |
| | Lesson 029 | 월 | 일 | 교재 학습 ☐ | 영상 훈련 ☐ |
| | Lesson 030 | 월 | 일 | 교재 학습 ☐ | 영상 훈련 ☐ |
| Ch 5 | Lesson 031 | 월 | 일 | 교재 학습 ☐ | 영상 훈련 ☐ |
| | Lesson 032 | 월 | 일 | 교재 학습 ☐ | 영상 훈련 ☐ |
| | Lesson 033 | 월 | 일 | 교재 학습 ☐ | 영상 훈련 ☐ |
| | Lesson 034 | 월 | 일 | 교재 학습 ☐ | 영상 훈련 ☐ |
| | Lesson 035 | 월 | 일 | 교재 학습 ☐ | 영상 훈련 ☐ |
| | Lesson 036 | 월 | 일 | 교재 학습 ☐ | 영상 훈련 ☐ |
| | Lesson 037 | 월 | 일 | 교재 학습 ☐ | 영상 훈련 ☐ |
| | Lesson 038 | 월 | 일 | 교재 학습 ☐ | 영상 훈련 ☐ |
| | Lesson 039 | 월 | 일 | 교재 학습 ☐ | 영상 훈련 ☐ |
| | Lesson 040 | 월 | 일 | 교재 학습 ☐ | 영상 훈련 ☐ |
| | Lesson 041 | 월 | 일 | 교재 학습 ☐ | 영상 훈련 ☐ |
| | Lesson 042 | 월 | 일 | 교재 학습 ☐ | 영상 훈련 ☐ |
| | Lesson 043 | 월 | 일 | 교재 학습 ☐ | 영상 훈련 ☐ |
| Ch 6 | Lesson 044 | 월 | 일 | 교재 학습 ☐ | 영상 훈련 ☐ |
| | Lesson 045 | 월 | 일 | 교재 학습 ☐ | 영상 훈련 ☐ |
| | Lesson 046 | 월 | 일 | 교재 학습 ☐ | 영상 훈련 ☐ |
| | Lesson 047 | 월 | 일 | 교재 학습 ☐ | 영상 훈련 ☐ |
| | Lesson 048 | 월 | 일 | 교재 학습 ☐ | 영상 훈련 ☐ |
| | Lesson 049 | 월 | 일 | 교재 학습 ☐ | 영상 훈련 ☐ |
| | Lesson 050 | 월 | 일 | 교재 학습 ☐ | 영상 훈련 ☐ |

# Warm Up!

# 1분 말하기를 위한 입풀기 운동

본격적인 1분 말하기 훈련에 앞서, 영어 말하기에 필요한 기본적인 사항들을 간략히 짚고 넘어가도록 하겠습니다. 영어 말하기를 할 때엔 '덩어리 단위로 영어 표현 학습하기, 적절한 연결어와 수식어 활용하기, 연기자처럼 감정을 실어 리드미컬하게 말하기' 등 크게 3가지로 생각해 볼 수 있습니다. 자, 그럼 한번 입 풀기 운동을 시작해 볼까요?

# Warm Up 1

## 표현은 '덩어리'로 알아둘 것!

표현을 '덩어리'로 알아둔다는 것은 과연 무엇을 의미하는 걸까요? 자, 보다 쉬운 설명을 위해 여러분이 아래와 같은 영어 단어를 공부했다고 가정해 봅시다.

▶ **get** = 받다, 얻다, 구하다 (과거형 동사는 'got')
▶ **first** = 첫째의, 첫 번째의, 우선, 맨 먼저
▶ **paycheck** = 급료, 봉급
▶ **have** = 가지다, 있다, 소유하다 (과거형 동사는 'had')
▶ **hard** = 딱딱한, 단단한, 굳은, 힘든
▶ **time** = 시간, 시기, 때
▶ **fail** = 실패하다, ~하지 못하다 (과거형 동사는 'failed')
▶ **job** = 일, 직장, 일자리

자, 그럼 이제 위에서 배운 영어 단어들을 활용해 아래를 영작해 보세요.

▶ 저는 첫 월급을 받았습니다.

▶ 저는 힘든 시간을 보냈습니다.

▶ 저는 회사에 들어가는 데에 실패했습니다.

▶ 저는 일자리를 구했습니다.

자, 영작해 보셨나요? 아마 '첫 월급을 받다 / 힘든 시간을 보내다 / ~하는 데에 실패하다 / 취업하다'라는 뜻의 영어 표현들을 모르고 계셨다면 앞에 나온 단어들을 일일이 조합해가며 영작하느라 꽤 시간이 걸렸을지도 모릅니다. 앞서 나온 단어들을 조합하여 표현 및 문장을 영어로 말해보면 바로 아래와 같습니다.

▶ **get one's first paycheck** = 첫 월급을 받다
저는 첫 월급을 받았습니다. ➡ I got my first paycheck.

▶ **have a hard time** = 힘든 시간을 보내다
저는 힘든 시간을 보냈습니다. ➡ I had a hard time.

▶ **fail to 동사** = ~하는 데에 실패하다
저는 회사에 들어가는 데에 실패했습니다. ➡ I failed to enter a company.

▶ **get a job** = 일자리를 구하다, 취업하다
저는 일자리를 구했습니다. ➡ I got a job.

위 표현들은 우리가 일상 생활에서 정말 자주 쓰는 표현들이라고 할 수 있습니다. 따라서 여러분이 'get / first / paycheck / have / hard / time / fail / job', 이렇게 하나하나 각각의 단어를 따로 외우는 것에서 그치는 것이 아니라 위와 같이 '덩어리'로 암기하게 되면 영작과 말하기가 훨씬 수월해집니다. 따라서 앞으로 자주 쓰는 표현들은 아래와 같이 '덩어리째' 알아두는 습관을 들이시기 바랍니다.

▶ **have trouble with 명사** = ~에 있어 어려움을 겪다
➡ have(가지다), trouble(어려움)이라고 따로 외우지 말고 통으로!

▶ **work overtime** = 야근(초과 근무)을 하다
➡ work(일하다), overtime(초과 근무)라고 따로 외우지 말고 통으로!

▶ **give a presentation** = 발표를 하다(진행하다)
➡ give(주다), presentation(발표)라고 따로 외우지 말고 통으로!

▶ **lose weight** = 살을 빼다, 체중을 감량하다
➡ lose(잃다), weight(체중)이라고 따로 외우지 말고 통으로!

# Warm Up 2

## '연결어 & 수식어'를 활용할 것!

자, 여러분이 바로 아래와 같은 질문을 받았다고 가정해 봅시다.

**Question**

**당신의 삶에서 가장 행복했던 순간을 제게 말해 보세요.**

그리고 위 질문에 아래와 같이 2개의 답변을 했다고 가정해 봅시다.

**Answer 1**

제 생각에 제 가장 행복했던 순간은 제가 첫 월급을 받았을 때입니다.
저는 1년간 취업하는 데에 실패했습니다.
저는 매우 힘든 시간을 보냈습니다.
저는 1년 뒤 일자리를 구했고,
첫 월급을 받았을 때 전 너무나 기뻤습니다.
저는 부모님께 선물을 사드렸습니다. 제 친구들과 술자리를 가졌습니다.

**Answer 2**

제 생각에 제 가장 행복했던 순간은 제가 첫 월급을 받았을 때입니다.
**졸업 후**, 저는 매우 힘든 시간을 보냈는데
**왜냐하면** 1년간 취업하는 데에 실패했기 **때문입니다**.
**하지만** **마침내** 저는 1년 뒤 일자리를 구했고,
**따라서** 첫 월급을 받았을 때 전 너무나 기뻤습니다.
**그 돈으로**, 저는 부모님께 선물을 사드리**고** 제 친구들과 술자리를 가졌습니다.

자, 위 2개의 답변 중 어느 것이 더 자연스러운가요? 아마 두 번째 답변이 훨씬 자연스럽다고 생각하셨을 겁니다. 이렇듯 사람이 '말'을 할 때엔, '~ 후에, 왜냐하면 ~ 때문입니다, 하지만, 따라서, 그리고'와 같은 적절한 '연결어'를 사용해야 하고, 이러한 연결어 외에도 '마침내, 그 돈으로'와 같이 앞뒤 문장이 자연스럽게 연결될 수 있도록 해주는 수식어들을 덧붙여줘야 합니다.

자, 그럼 앞서 답변을 그대로 영어로 바꾸어 말해보도록 합시다.

**Answer**

I think my happiest moment is when I got my first paycheck.
제 생각에 제 가장 행복했던 순간은 제가 첫 월급을 받았을 때입니다.

**After I graduated**, I had a really hard time
**졸업 후**, 저는 매우 힘든 시간을 보냈는데

**because** I failed to enter a company for a year.
**왜냐하면** 1년간 취업하는 데에 실패했기 **때문입니다**.

**But** I **finally** got a job after one year,
**하지만** **마침내** 저는 1년 뒤 일자리를 구했고,

**so** I was very happy when I got my first paycheck.
**따라서** 첫 월급을 받았을 때 전 너무나 기뻤습니다.

**With that money**, I bought some presents for my parents **and**
**그 돈으로**, 저는 부모님께 선물을 사드리**고**

had drinks with my friends.
제 친구들과 술자리를 가졌습니다.

위에서 볼 수 있듯이 'after(~ 후에), because(왜냐하면 ~ 때문입니다), but(하지만), so(따라서), and(그리고)'와 같은 연결어, 그리고 'finally(마침내), with that money(그 돈으로)'와 같이 앞뒤 문장을 자연스럽게 연결해주는 수식어로 답변이 훨씬 자연스러워진 걸 보실 수 있습니다. 앞으로 영어로 말할 때엔 이러한 연결어와 수식어를 잘 활용해야 보다 자연스러운 말하기가 될 수 있습니다.

**대표적인 연결어 예시들**

- ▶ **and** = 그리고 / **but**, **however** = 하지만 / **so**, **therefore** = 따라서
- ▶ **before** = ~ 전에 / **after** = ~ 후에 / **then** = 그 다음에
- ▶ **because** = 왜냐하면 ~ 때문입니다 / **when** = ~할(일) 때

# Warm Up 3

## 말할 땐 '연기자'로 빙의할 것!

자, 오른쪽 괄호 안의 지시에 따라 빨간 부분을 강조하며 아래를 읽어 봅시다.

**I think my happiest moment is** / (마치 회상하듯 말하며 한 템포 쉬고)
제 생각에 제 가장 행복했던 순간은
**when I got my first paycheck.** // (본론 말하며 마무리)
제가 첫 월급을 받았을 때입니다.
**After I graduated,** / (마치 회상하듯 말하며 한 템포 쉬고)
졸업 후,
**I had a really hard time** / (힘들었다는 듯 말하며 한 템포 또 쉬고)
저는 매우 힘든 시간을 보냈는데
**because I failed to enter a company for a year.** // (이유 말하며 마무리)
왜냐하면 1년간 취업하는 데에 실패했기 때문입니다.
**But** / (반전이 있다는 듯 말하며 한 템포 쉬고)
하지만
**I finally got a job after one year,** / (반전의 내용을 말하며 한 템포 쉬고)
마침내 저는 1년 뒤 일자리를 구했고,
**so I was very happy when I got my first paycheck.** // (나머지 말하며 마무리)
따라서 첫 월급을 받았을 때 전 너무나 기뻤습니다.
**With that money,** / (돈으로 뭘 했을지 궁금해 하라는 듯 한 템포 쉬고)
그 돈으로,
**I bought some presents for my parents** / (한 가지를 말한 뒤 한 템포 쉬고)
저는 부모님께 선물을 사드리고
**and had drinks with my friends.** // (나머지 내용을 말하며 마무리)
제 친구들과 술자리를 가졌습니다.

자, 괄호 안 지시에 나와있는 대로 빨간색으로 된 부분들을 강조하며 영어 문장을 읽어보셨나요? 아마 완벽하진 아니었을지라도 영혼 없이 기계처럼 줄줄 읽어내려 가는 것보다는 훨씬 더 영어다운 느낌이 드셨을 겁니다. 영어는 발음도 중요하지만, 그보다도 감정을 실어 중요한 타이밍에서는 적절히 끊고, 강조해야 할 부분은 상대적으로 포인트를 주며 말할 줄 아는 것이 더 중요합니다. 이를 충분히 숙지한 상태에서 아래 질문에 대한 답변을 다시 한 번 스스로 말해보도록 하세요.

**Question**

**Tell me about the happiest moment in your life.**

당신의 삶에서 가장 행복했던 순간을 제게 말해 보세요.

**Answer**

**I think my happiest moment is / when I got my first paycheck. //**
**After I graduated, / I had a really hard time /**
**because I failed to enter a company for a year. //**
**But / I finally got a job after one year, /**
**so I was very happy when I got my first paycheck. //**
**With that money, / I bought some presents for my parents /**
**and had drinks with my friends. //**

제 생각에 제 가장 행복했던 순간은 제가 첫 월급을 받았을 때입니다.
졸업 후, 저는 매우 힘든 시간을 보냈는데
왜냐하면 1년간 취업하는 데에 실패했기 때문입니다.
하지만 마침내 저는 1년 뒤 일자리를 구했고,
따라서 첫 월급을 받았을 때 전 너무나 기뻤습니다.
그 돈으로, 저는 부모님께 선물을 사드리고
제 친구들과 술자리를 가졌습니다.

지금까지 우리는 'Warm Up'을 통해서 영어 말하기에 필요한 가장 기본적인 3가지 사항들을 간략하게 짚고 넘어갔습니다. 그럼 이제부터는 본격적인 1문1답 영어 말하기 훈련에 돌입하도록 하겠습니다. 자, 준비되셨나요? Let's get started!

# Chapter 1

# 나라는 사람에 대해 영어로 말하기

# Lesson 001 나를 소개합니다!

## Q Please tell me about yourself.

당신에 대해 제게 이야기해 보세요.

**이런 내용으로 답해 보면 어떨까요?**

안녕하세요, 제 이름은 김수인입니다. 저는 현재 30살이며, 그리고 저는 대학에서 경영학을 공부했습니다. 제 성격에 대해 말하자면, 저는 매우 활발하고 외향적인 사람입니다. 그래서 저는 캠핑 같은 야외 활동을 정말 좋아하며, 그리고 저는 거의 매달 캠핑을 갑니다.

## 1 번째 문장 영작해 보기

**안녕하세요,**
**제 이름은 김수인입니다.**

 안녕하세요. (혹은 '안녕') = **Hello / Hi**
제 이름은 ~입니다. = **My name is** __본인의 이름__.
(참고로 좀더 가볍게 자신의 이름을 밝힐 땐 아래와 같이 말해도 됩니다.)
난 ~라고 해. (혹은 '전 ~라고 합니다.') = **I'm** __본인의 이름__.

➡ Hello, my name is Sooin Kim.

## 2 번째 문장 영작해 보기

**저는 현재 30살이며,**
**그리고 저는 대학에서 경영학을 공부했습니다.**

 저는 현재 ~살입니다. = **I'm** __나이만큼의 숫자__ **now**.
저는 대학에서 ~을 공부했습니다. = **I studied** __전공__ **at a college**.
('~을 전공했다 = majored in ~'과 같은 표현 대신 위 문장과 같이 '~을 공부했다 = studied ~'라고 말하는 것이 더 쉬우면서도 자연스럽습니다.)
경영학 = **business management**

➡ I'm thirty now, and I studied business management at a college.

## 3 번째 문장 영작해 보기

**제 성격에 대해 말하자면,
저는 매우 활발하고 외향적인 사람입니다.**

**힌트** ~에 대해 말하자면 = **to talk about** 명사
나의 성격 = **my personality**
저는 ~한 사람입니다. = **I'm a(an)** 형용사 **person**.
매우, 아주 = **very**, 활발한 = **active**, 외향적인 = **outgoing**

➡ To talk about my personality, I'm a very active and outgoing person.

## 4 번째 문장 영작해 보기

**그래서 저는 캠핑 같은 야외 활동을 정말 좋아하며,
그리고 저는 거의 매달 캠핑을 갑니다.**

**힌트** 저는 ~을 정말 좋아합니다. = **I really like** 명사 .
야외 활동 = **outdoor activity**, ~와 같은 = **like** 명사
저는 거의 매달 ~합니다. = **I** 동사 **almost every month**.
캠핑 = **camping**, 캠핑을 가다 = **go camping**

➡ So I really like outdoor activities like camping, and I go camping almost every month.

A

MP3 001

## 자, 이제 1분 동안 '영어'로 답해 볼까요?

① 도서 내 수록된 QR코드를 스캔한 후 '1분 영어 말하기 훈련 영상'이 재생되면,
② 원어민이 직접 녹음한 문장들을 한 문장씩 듣고 따라 말하는 연습을 하고,
③ 한 문장씩 말하는 연습을 끝낸 후엔, 1분짜리 영어 답변을 스스로 말해 봅니다.

**1** Hello, my name is Sooin Kim. **2** I'm thirty now, and I studied business management at a college. **3** To talk about my personality, I'm a very active and outgoing person. **4** So I really like outdoor activities like camping, and I go camping almost every month.

**오늘의 영어회화 필수표현 총정리**

001 **My name is** 본인의 이름 . = 제 이름은 ~입니다.
002 **I'm** 나이만큼의 숫자 **now**. = 저는 현재 ~살입니다.
003 **I studied** 전공 **at a college**. = 저는 대학에서 ~을 공부했습니다.
004 **I'm a(an)** 형용사 **person**. = 저는 ~한 사람입니다.
005 **I (really) like** 명사 . = 저는 ~을 (정말) 좋아합니다.

Lesson
002

# 내가 가진 '성격'의 강점

Q

## What are your strength and weakness?

당신의 강점과 약점은 무엇인가요?

**이런 내용으로 답해 보면 어떨까요?**

제 생각에 저의 가장 큰 강점은 제가 성격이 좋다는 것입니다. 제 직장 동료들의 말에 따르면, 제가 굉장히 친절하고 사교적이라고들 합니다. 아마도 이건 제가 항상 그들의 말에 잘 귀 기울이고, 그들과 어울리는 걸 좋아하기 때문일 겁니다. 그리고 제 가장 큰 약점을 보자면, 저는 술에 약한 사람입니다.

1 번째 문장 영작해 보기

**제 생각에 저의 가장 큰 강점은**
**제가 성격이 좋다는 것입니다.**

**힌트** 제 생각에 저의 가장 큰 강점은 ~라는 것입니다.
= **I think my biggest strength is that** ＿문장＿.
저는 ~한 성격을 갖고 있습니다. = **I have a(an)** ＿형용사＿ **personality**.
좋은, 괜찮은 = **good**

➡ I think my biggest strength is that I have a good personality.

번째 문장 영작해 보기

**제 직장 동료들의 말에 따르면,**
**제가 굉장히 친절하고 사교적이라고들 합니다.**

**힌트** ~에 따르면(~의 말에 따르면) = **according to** ＿명사＿
나의 직장 동료 = **my colleague**
저는 굉장히 ~합니다. = **I'm very** ＿형용사＿.
친절한 = **kind**, 사교적인 = **sociable**

➡ According to my colleagues, I'm very kind and sociable.

## 3 번째 문장 영작해 보기

**아마도 이건 제가 항상 그들의 말에 잘 귀 기울이고, 그들과 어울리는 걸 좋아하기 때문일 겁니다.**

**힌트** 아마도 이건 ~이기 때문일 겁니다. = **Maybe it is because** 문장.
저는 항상 ~하고 ~하는 걸 좋아합니다. = **I always** 동사 **and like to** 동사.
~의 말을 잘 듣다(~의 말에 잘 귀 기울이다) = **listen to** 명사 **well**
~와 어울리다 = **socialize with** 명사

➡ Maybe it is because I always listen to them well, and like to socialize with them.

## 4 번째 문장 영작해 보기

**그리고 제 가장 큰 약점을 보자면, 저는 술에 약한 사람입니다.**

**힌트** ~을 보자면(~에 관해서는) = **when it comes to** 명사
나의 가장 큰 약점 = **my biggest weakness**
저는 ~입니다(저는 ~인 사람입니다). = **I'm a(an)** 명사.
술에 약한 사람 = **weak drinker**

➡ And when it comes to my biggest weakness, I'm a weak drinker.

A

MP3 002

## 자, 이제 1분 동안 '영어'로 답해 볼까요?

① 도서 내 수록된 QR코드를 스캔한 후 '1분 영어 말하기 훈련 영상'이 재생되면,
② 원어민이 직접 녹음한 문장들을 한 문장씩 듣고 따라 말하는 연습을 하고,
③ 한 문장씩 말하는 연습을 끝낸 후엔, 1분짜리 영어 답변을 스스로 말해 봅니다.

**1** I think my biggest strength is that I have a good personality. **2** According to my colleagues, I'm very kind and sociable. **3** Maybe it is because I always listen to them well, and like to socialize with them. **4** And when it comes to my biggest weakness, I'm a weak drinker.

### 오늘의 영어회화 필수표현 총정리

**006** **I think** 문장. = 제 생각에 ~입니다. (저는 ~라고 생각합니다.)
**007** **I have a(an)** 형용사 **personality**. = 저는 성격이 ~합니다.
**008** **I always** 동사. = 저는 항상 ~합니다.
**009** **I like to** 동사. = 저는 ~하는 걸 좋아합니다.

Lesson
003

# 내가 가진 '능력'의 강점

Q

## What are your strength and weakness?

당신의 강점과 약점은 무엇인가요?

**이런 내용으로 답해 보면 어떨까요?**

제 생각에 제 가장 큰 강점은 제가 일에 있어 매우 꼼꼼하다는 것입니다. 예를 들어, 전 일을 시작하기 전 항상 구체적인 계획을 세웁니다. 이것은 제가 일을 제때 마치고, 시간을 효율적으로 관리하도록 해줍니다. 그리고 제 가장 큰 약점을 보자면, 저는 시력이 좋지 않습니다.

## 1 번째 문장 영작해 보기

**제 생각에 저의 가장 큰 강점은**
**제가 일에 있어 매우 꼼꼼하다는 것입니다.**

힌트 제 생각에 저의 가장 큰 강점은 ~라는 것입니다.
= **I think my biggest strength is that** 문장 .
저는 매우 ~합니다. = **I'm very** 형용사 .
꼼꼼한 = **meticulous**, 나의 일에 있어 = **in my work**

➡ I think my biggest strength is that I'm very meticulous in my work.

## 2 번째 문장 영작해 보기

**예를 들어, 전 일을 시작하기 전**
**항상 구체적인 계획을 세웁니다.**

힌트 예를 들어 = **for example**
저는 ~하기 전 항상 ~합니다. = **I always** 동사 **before I** 동사 .
계획을 세우다 = **make plans**, 구체적인 = **detailed**
일을 시작하다 = **start work**

➡ For example, I always make detailed plans before I start work.

## 3 번째 문장 영작해 보기

**이것은 제가 일을 제때 마치고,**
**시간을 효율적으로 관리하도록 해줍니다.**

**힌트** 이것은 제가 ~하도록 해줍니다. = **It helps me** ___동사___.
끝마치다 = **finish**, 나의 일(업무) = **my work**, 제때 = **on time**
관리하다(통제하다) = **control**, 나의 시간 = **my time**
효과적으로 = **effectively**

➡ It helps me finish my work on time and control my time effectively.

## 번째 문장 영작해 보기

**그리고 제 가장 큰 약점을 보자면,**
**저는 시력이 좋지 않습니다.**

**힌트** ~을 보자면(~에 관해서는) = **when it comes to** ___명사___
나의 가장 큰 약점 = **my biggest weakness**
저는 ~한 시력을 갖고 있습니다. = **I have** ___형용사___ **eyesight**.
나쁜, 좋지 않은 = **bad**

➡ And when it comes to my biggest weakness, I have bad eyesight.

A

🎧 MP3 003

## 자, 이제 1분 동안 '영어'로 답해 볼까요?

① 도서 내 수록된 QR코드를 스캔한 후 '1분 영어 말하기 훈련 영상'이 재생되면,
② 원어민이 직접 녹음한 문장들을 한 문장씩 듣고 따라 말하는 연습을 하고,
③ 한 문장씩 말하는 연습을 끝낸 후엔, 1분짜리 영어 답변을 스스로 말해 봅니다.

**1** I think my biggest strength is that I'm very meticulous in my work. **2** For example, I always make detailed plans before I start work. **3** It helps me finish my work on time and control my time effectively. **4** And when it comes to my biggest weakness, I have bad eyesight.

### 오늘의 영어회화 필수표현 총정리

010 **I'm** 형용사 **in my work**. = 저는 일에 있어 ~합니다.
011 **I always** 동사 **before I** 동사. = 저는 ~하기 전 항상 ~합니다.
012 **It helps me** 동사. = 이것은 제가 ~하도록 해줍니다.
013 **when it comes to** 명사 = ~을 보자면 (~에 관해서는)

Lesson
# 004

# 나는 낯을 가려요! '수줍음'

## Q

**If you could change one thing about your personality, what would it be?**

만약 당신의 성격 중 하나를 바꿀 수 있다면, 그건 무엇일까요?

**이런 내용으로 답해 보면 어떨까요?**

만약 제가 제 성격 중 하나를 바꿀 수 있다면, 전 수줍음을 극복했으면 합니다. 전 새로운 사람들을 만나면, 대화를 이끄는 데에 그리 능숙하지 못합니다. 전 제가 이같이 수줍음 많은 사람인 것이 도움이 되지 않는다고 생각합니다. 따라서 요즘, 저는 다른 이들과 있을 때 좀더 활달해지려 노력 중입니다.

## 1 번째 문장 영작해 보기

**만약 제가 제 성격 중 하나를 바꿀 수 있다면,**
**전 수줍음을 극복했으면 합니다.**

만약 제가 ~할 수 있다면 = **if I could** __동사__, 바꾸다 = **change**
~ 중 하나 = **one thing about** __명사__, 나의 성격 = **my personality**
저는 ~했으면 합니다. = **I would want to** __동사__.
극복하다 = **overcome**, 나의 수줍음 = **my shyness**

➡ If I could change one thing about my personality, I would want to overcome my shyness.

## 2 번째 문장 영작해 보기

**전 새로운 사람들을 만나면,**
**대화를 이끄는 데에 그리 능숙하지 못합니다.**

전 ~하면(= 전 ~할 때면) = **when I** __동사__
만나다 = **meet**, 새로운 이들(사람들) = **new people**
저는 ~하는 데에 그리 능숙하지 못합니다. = **I'm not that good at** __동사-ing__.
끌다, 이끌다 = **lead**, 대화 = **conversation**

➡ When I meet new people, I'm not that good at leading the conversation.

## 3 번째 문장 영작해 보기

**전 제가 이 같이 수줍음 많은 사람인 것이**
**도움이 되지 않는다고 생각합니다.**

힌트 전 ~하지 않다고 생각합니다. = **I don't think** 문장 .
제가 ~인 것이 ~합니다. = **It is** 형용사 **for me to be** 명사 .
도움이 되는 = **helpful**, 수줍은 많은 사람 = **shy person**
이 같이 = **like this**

➡ I don't think it is helpful for me to be such a shy person like this.

## 번째 문장 영작해 보기

**따라서 요즘, 저는 다른 이들과 있을 때**
**좀더 활달해지려 노력 중입니다.**

힌트 저는 ~해지려고 노력 중입니다. = **I'm trying to be** 형용사 .
요즘 = **these days**, 좀더 = **more**, 활발한, 활달한 = **active**
제가 ~와 있을 때 = **when I'm with** 명사
다른 이들(사람들) = **other people**

➡ So these days, I'm trying to be more active when I'm with other people.

A

MP3 004

## 자, 이제 1분 동안 '영어'로 답해 볼까요?

① 도서 내 수록된 QR코드를 스캔한 후 '1분 영어 말하기 훈련 영상'이 재생되면,
② 원어민이 직접 녹음한 문장들을 한 문장씩 듣고 따라 말하는 연습을 하고,
③ 한 문장씩 말하는 연습을 끝낸 후엔, 1분짜리 영어 답변을 스스로 말해 봅니다.

**1** If I could change one thing about my personality, I would want to overcome my shyness. **2** When I meet new people, I'm not that good at leading the conversation. **3** I don't think it is helpful for me to be such a shy person like this. **4** So these days, I'm trying to be more active when I'm with other people.

### 오늘의 영어회화 필수표현 총정리

**014** **when I** 동사 = 전 ~하면 (전 ~할 때면)
**015** **I'm not that good at** 동사-ing. = 저는 ~하는 데 그리 능숙하지 못합니다.
**016** **I don't think** 문장. = 저는 ~하지 않다고 생각합니다.
**017** **I'm trying to be** 형용사. = 저는 ~해지려고 노력 중입니다.

Lesson

005

# 나는 깜박깜박해요! '건망증'

Q

**If you could change one thing about your personality, what would it be?**

만약 당신의 성격 중 하나를 바꿀 수 있다면, 그건 무엇일까요?

**이런 내용으로 답해 보면 어떨까요?**

만약 제가 제 성격 중 하나를 바꿀 수 있다면, 저는 건망증이 좀 줄었으면 합니다. 저는 뭔가를 꽤 쉽게 까먹는 경향이 있어서, 일에 있어 종종 어려움을 겪곤 합니다. 제가 이를 바꾸지 않는다면, 저는 아무리 열심히 일해도 과소평가를 당하게 될 겁니다. 따라서 요즈음, 저는 메모를 하는 습관을 들이기 위해 노력 중입니다.

## 1 번째 문장 영작해 보기

**만약 제가 제 성격 중 하나를 바꿀 수 있다면,
저는 건망증이 좀 줄었으면 합니다.**

**힌트** 만약 제가 ~할 수 있다면 = **if I could** __동사__, 바꾸다 = **change**
~ 중 하나 = **one thing about** __명사__, 나의 성격 = **my personality**
저는 덜 ~해졌으면 합니다. = **I would want to be less** __형용사__.
건망증이 있는, 잘 까먹는 = **forgetful**

➡ If I could change one thing about my personality, I would want to be less forgetful.

## 2 번째 문장 영작해 보기

**저는 뭔가를 쉽게 까먹는 경향이 있어서,
일에 있어 종종 어려움을 겪곤 합니다.**

**힌트** 저는 ~하는 경향이 있습니다. = **I tend to** __동사__.
뭔가를 까먹다 = **forget things**, 꽤 쉽게 = **quite easily**
저는 종종 ~하곤 합니다. = **I often** __동사__.
~에 있어 어려움을 겪다 = **have trouble with** __명사__, 나의 일 = **my work**

➡ I tend to forget things quite easily, so I often have trouble with my work.

## 3 번째 문장 영작해 보기

**제가 이를 바꾸지 않는다면,
저는 아무리 열심히 일해도 과소평가를 당하게 될 겁니다.**

힌트 제가 ~하지 않는다면 = **if I don't** 동사
저는 ~하게 될 겁니다. = **I will** 동사 .
바꾸다 = **change**. 과소평가를 당하다 = **be undervalued**
내가 아무리 열심히 ~해도 = **no matter how hard I** 동사 . 일하다 = **work**

➡ If I don't change this, I will be undervalued no matter how hard I work.

## 4 번째 문장 영작해 보기

**따라서 요즈음,
저는 메모를 하는 습관을 들이기 위해 노력 중입니다.**

힌트 요즈음 = **these days**
저는 ~하기 위해 노력 중입니다. = **I'm trying to** 동사 .
~하는 습관을 들이다 = **get into a habit of** 동사-ing
메모를 하다(필기를 하다) = **write notes**

➡ So these days, I'm trying to get into a habit of writing notes.

MP3 005

## 자, 이제 1분 동안 '영어'로 답해 볼까요?

① 도서 내 수록된 QR코드를 스캔한 후 '1분 영어 말하기 훈련 영상'이 재생되면,
② 원어민이 직접 녹음한 문장들을 한 문장씩 듣고 따라 말하는 연습을 하고,
③ 한 문장씩 말하는 연습을 끝낸 후엔, 1분짜리 영어 답변을 스스로 말해 봅니다.

**1** If I could change one thing about my personality, I would want to be less forgetful. **2** I tend to forget things quite easily, so I often have trouble with my work. **3** If I don't change this, I will be undervalued no matter how hard I work. **4** So these days, I'm trying to get into a habit of writing notes.

**오늘의 영어회화 필수표현 총정리**

**018** **I tend to** 동사 . = 저는 ~하는 경향이 있습니다.
**019** **I often** 동사 . = 저는 종종 ~합니다.
**020** **have trouble with** 명사 = ~에 있어 어려움을 겪다
**021** **no matter how hard I** 동사 = 내가 아무리 열심히 ~해도

# Chapter 2

# 나의 생활 패턴에 대해 영어로 말하기

Lesson
# 006 내가 사는 곳

Q

**Where are you living now? And what type of housing do you live in?**

당신은 현재 어디에 살고 있나요?
그리고 어떤 종류의 집에 거주하고 있나요?

**이런 내용으로 답해 보면 어떨까요?**

현재 저는 가족들과 함께 서울시 마포구에 거주하고 있습니다. 저는 저와 제 가족들이 살기엔 그런대로 넓은 아파트에 거주하고 있습니다. 전 이곳에서 2년 동안 거주해 왔으나, 내년엔 다른 곳으로 이사를 나가야 합니다. 집 바로 옆엔 지하철 역이 있어서, 출퇴근하기가 매우 용이합니다.

## 1 번째 문장 영작해 보기

**현재 저는 가족들과 함께**
**서울시 마포구에 거주하고 있습니다.**

**힌트** 현재 저는 ~와 함께 ~에 거주하고 있습니다.
= **Now I'm living in** 장소 **with** 누구 .
서울시 마포구 (곧, '서울'에 있는 '마포구'라는 곳) = **Mapogu in Seoul**
나의 가족 = **my family**

➡ Now I'm living in Mapogu in Seoul with my family.

## 번째 문장 영작해 보기

**저는 저와 제 가족들이 살기엔**
**그런대로 넓은 아파트에 거주하고 있습니다.**

**힌트** 저는 ~에 거주하고 있습니다. = **I'm living in** 장소 .
~한 아파트 = **apartment, which is** 형용사
A에게 충분히(그런대로) ~한 = 형용사 **enough for A**
(위 말은 곧 'A가 살기에 충분히(그런대로) ~한'으로 풀이가 가능합니다.)
넓은, 널찍한 = **spacious**, 나와 내 가족 = **me and my family**

➡ I'm living in an apartment, which is spacious enough for me and my family.

## 3 번째 문장 영작해 보기

**전 이곳에서 2년 동안 거주해 왔으나,**
**내년엔 다른 곳으로 이사를 나가야 합니다.**

힌트 전 이곳에서 ~ 동안 거주해 왔습니다. = **I've been living here for** 기간 .
저는 ~해야 합니다. = **I have to** 동사 .
~로 이사를 나가다 = **move out to** 장소 , 다른 곳 = **another place**
2년 = **two years**, 내년(에) = **next year**

➡ I've been living here for two years, but I have to move out to another place next year.

## 4 번째 문장 영작해 보기

**집 바로 근처엔 지하철 역이 있어서,**
**출퇴근하기가 매우 용이합니다.**

힌트 A 바로 옆엔 ~가 있습니다. = **There is(are)** 명사 **right next to A**.
지하철 역 = **subway station**, 나의 집 = **my house**
~하기가 매우 ~합니다. = **It is very** 형용사 **to** 동사 .
쉬운, 용이한 = **easy**, 출퇴근(통근)하다 = **commute**

➡ There is a subway station right next to my house, so it is very easy to commute.

A

MP3 006

## 자, 이제 1분 동안 '영어'로 답해 볼까요?

① 도서 내 수록된 QR코드를 스캔한 후 '1분 영어 말하기 훈련 영상'이 재생되면,
② 원어민이 직접 녹음한 문장들을 한 문장씩 듣고 따라 말하는 연습을 하고,
③ 한 문장씩 말하는 연습을 끝낸 후엔, 1분짜리 영어 답변을 스스로 말해 봅니다.

1 Now I'm living in Mapogu in Seoul with my family. 2 I'm living in an apartment, which is spacious enough for me and my family. 3 I've been living here for two years, but I have to move out to another place next year. 4 There is a subway station right next to my house, so it is very easy to commute.

**오늘의 영어회화 필수표현 총정리**

022 **Now, I'm living in** 장소. = 현재, 저는 ~에 거주하고 있습니다.
023 **I've been living here for** 기간. = 전 이곳에서 ~ 동안 거주해 왔습니다.
024 **I have to** 동사. = 저는 ~해야 합니다.
025 **There is(are)** 명사. = ~가 있습니다.

Lesson 007

# 내가 사는 동네의 장단점

Q

## What do you like or dislike about your neighborhood?

당신은 당신의 동네와 관련해 무엇을 좋아하거나 싫어하나요?

**이런 내용으로 답해 보면 어떨까요?**

저는 제가 사는 동네에 편의 시설들이 많이 있다는 점이 좋습니다. 제가 사는 동네 중심가엔 대형 마켓이 있어서, 쇼핑하러 가기에 좋습니다. 또한, 집 근처에 공원이 있어서, 전 그곳에서 산책을 하거나 자전거를 탈 수 있습니다. 하지만 저는 지하철역이 집에서 너무 멀다는 점이 싫습니다.

## 1 번째 문장 영작해 보기

**저는 제가 사는 동네에**
**편의 시설들이 많이 있다는 점이 좋습니다.**

힌트 저는 ~라는 점이 좋습니다. = **I like that** 문장 .
저의 동네(제가 사는 동네)엔 ~가 많이 있습니다.
= **My neighborhood has many** 복수 명사 .
편의 시설(직역하면 '편리한 시설') = **convenient facility**

➡ I like that my neighborhood has many convenient facilities.

## 번째 문장 영작해 보기

**제가 사는 동네 중심가엔 대형 마켓이 있어서,**
**쇼핑하러 가기에 좋습니다.**

힌트 A의 중심가엔 ~가 있습니다. = **There is(are)** 명사 **in the center of A**.
내가 사는 동네(나의 동네) = **my neighborhood**, 대형 마켓 = **big market**
이는 ~하기에 좋습니다. = **It is good for** 동사-ing .
쇼핑하러 가다 = **go shopping**

➡ There is a big market in the center of my neighborhood, so it is good for going shopping.

## 3 번째 문장 영작해 보기

**또한, 집 근처에 공원이 있어서,**
**전 그곳에서 산책을 하거나 자전거를 탈 수 있습니다.**

힌트 A 근처엔 ~가 있습니다. = **There is(are)** ___명사___ **near A**.
공원 = **park**, 나의 집 = **my house**
저는 그곳에서 ~할 수 있습니다. = **I can** ___동사___ **there**.
산책하다 = **take a walk**, 나의 자전거를 타다 = **ride my bicycle**

➡ Also, there is a park near my house, so I can take a walk or ride my bicycle there.

## 4 번째 문장 영작해 보기

**하지만 저는 지하철 역이**
**집에서 너무 멀다는 점이 싫습니다.**

힌트 저는 ~라는 점이 싫습니다. = **I dislike that** ___문장___.
A는 B에서 너무 멉니다. = **A is(are) too far from B**.
지하철 역 = **subway station**
나의 집 = **my house**

➡ But I dislike that the subway station is too far from my house.

A

MP3 007

## 자, 이제 1분 동안 '영어'로 답해 볼까요?

① 도서 내 수록된 QR코드를 스캔한 후 '1분 영어 말하기 훈련 영상'이 재생되면,
② 원어민이 직접 녹음한 문장들을 한 문장씩 듣고 따라 말하는 연습을 하고,
③ 한 문장씩 말하는 연습을 끝낸 후엔, 1분짜리 영어 답변을 스스로 말해 봅니다.

1 I like that my neighborhood has many convenient facilities. 2 There is a big market in the center of my neighborhood, so it is good for going shopping. 3 Also, there is a park near my house, so I can take a walk or ride my bicycle there. 4 But I dislike that the subway station is too far from my house.

### 오늘의 영어회화 필수표현 총정리

026 **I like/dislike that** 문장 . = 저는 ~라는 점을 좋아/싫어합니다.
027 **A have(has)** 명사 . = A는 ~을 갖고 있습니다. (A엔 ~가 있습니다.)
028 **It is good for** 동사-ing . = 이는 ~하기에 좋습니다.
029 **A is(are) too far from B.** = A는 B에서 너무 멉니다.

Lesson
008

# 나의 평일 일과

## Q

**Please talk about your daily routine.**

당신의 일과에 대해 이야기해 보세요.

**이런 내용으로 답해 보면 어떨까요?**

네, 제 일과에 대해 간단히 이야기해 보겠습니다. 저는 주로 7시에 일어나서, 대략 8시쯤 일하러 집을 나섭니다. 그리고 저는 보통 9시부터 6시까지 일하는데, 가끔 야근도 합니다. 퇴근 후엔, 저는 보통 집에 곧장 가지만, 가끔은 직장 동료들과 술을 마시곤 합니다.

## 1 번째 문장 영작해 보기

**네, 제 일과에 대해
간단히 이야기해 보겠습니다.**

**힌트** 네, ~에 대해 간단히 이야기해 보겠습니다.
= **Okay, I'll talk briefly about** 명사 .
나의 일과 = **my daily routine**
('daily routine'을 직역하면 '나날의(daily) 일상(routine)'입니다. 따라서 이를 매일같이 반복해서 겪게 되는 '일과'라는 의미로 생각해 볼 수 있습니다.)

➡ Okay, I'll talk briefly about my daily routine.

## 2 번째 문장 영작해 보기

**저는 주로 7시에 일어나서,
대략 8시쯤 일하러 집을 나섭니다.**

**힌트** 저는 주로(보통) ~합니다. = **I usually** 동사 .
~시에 일어나다 = **get up at** 시각
일하러 집을 떠나다(나서다) = **leave home for work**
(대략) ~시쯤에 = **at (about)** 시각

➡ I usually get up at seven, and I leave home for work at about eight.

## 3 번째 문장 영작해 보기

**그리고 저는 보통 9시부터 6시까지 일하는데, 가끔 야근도 합니다.**

힌트 저는 주로(보통) ~합니다. = **I usually** 동사 .
~시부터 ~시까지 일하다 = **work from** 시각 1 **to** 시각 2
가끔 저는 ~합니다. = **Sometimes I** 동사 .
야근을 하다 = **work overtime**

➡ And I usually work from nine to six, but sometimes I work overtime.

## 4 번째 문장 영작해 보기

**퇴근 후엔, 저는 보통 집에 곧장 가지만, 가끔은 직장 동료들과 술을 마시곤 합니다.**

힌트 퇴근 후엔, 저는 보통 ~합니다. = **After work, I normally** 동사 .
집에 곧장(바로) 가다 = **go straight home**
가끔은 전 A와 ~하곤 합니다. = **Sometimes I** 동사 **with A.**
술을 마시다 = **have drinks**, 나의 직장 동료 = **my colleague**

➡ After work, I normally go straight home, but sometimes I have drinks with my colleagues.

A

MP3 008

## 자, 이제 1분 동안 '영어'로 답해 볼까요?

① 도서 내 수록된 QR코드를 스캔한 후 '1분 영어 말하기 훈련 영상'이 재생되면,
② 원어민이 직접 녹음한 문장들을 한 문장씩 듣고 따라 말하는 연습을 하고,
③ 한 문장씩 말하는 연습을 끝낸 후엔, 1분짜리 영어 답변을 스스로 말해 봅니다.

**1** Okay, I'll talk briefly about my daily routine. **2** I usually get up at seven, and I leave home for work at about eight. **3** And I usually work from nine to six, but sometimes I work overtime. **4** After work, I normally go straight home, but sometimes I have drinks with my colleagues.

**오늘의 영어회화 필수표현 총정리**

**030** **I usually(normally)** __동사__. = 저는 주로(보통) ~합니다.
**031** **I** __동사__ **at (about)** __시각__. = 저는 (대략) ~시에 ~합니다.
**032** **Sometimes I** __동사__. = 가끔 저는 ~합니다.
**033** **from** __시각 1__ **to** __시각 2__ = ~시부터 ~시까지

Lesson
# 009 나의 주말 일과

Q

## What do you usually do on the weekends?

당신은 주말에 주로 무엇을 하나요?

**이런 내용으로 답해 보면 어떨까요?**

주말에 저는 주로 집에서 TV 쇼나 영화를 봅니다. 저는 요리쇼나 리얼리티쇼 같은 오락 프로그램을 보길 좋아합니다. 그리고 저는 인터넷에서 다운로드 받은 영화를 보는 것 또한 좋아합니다. 만약 이를 보는 것이 싫증나게 되면, 저는 스마트폰으로 게임을 합니다.

## 1 번째 문장 영작해 보기

**주말에 저는 주로
집에서 TV 쇼나 영화를 봅니다.**

힌트 주말에 = **on the weekends**
저는 주로 ~합니다. = **I usually** 동사 .
관람하다, 보다 = **watch**, TV 쇼 = **TV show**, 영화 = **movie**
집에서 = **at home**

➡ On the weekends, I usually watch TV shows or movies at home.

## 2 번째 문장 영작해 보기

**저는 요리쇼나 리얼리티쇼 같은
오락 프로그램을 보길 좋아합니다.**

힌트 저는 ~하길 좋아합니다. = **I like to** 동사 .
관람하다, 보다 = **watch**, 오락 프로그램 = **entertainment program**
~와 같은 = **like** 명사 , 요리쇼 = **cooking show**
리얼리티쇼 = **reality show**

➡ I like to watch entertainment programs like cooking shows or reality shows.

## 3 번째 문장 영작해 보기

**그리고 저는 인터넷에서 다운로드 받은 영화를 보는 것 또한 좋아합니다.**

힌트 저는 ~하는 것 또한 좋아합니다. = **I also like to** 동사 .
관람하다, 보다 = **watch**, 영화 = **movie**
내가 ~에서 다운로드 받은 A = **A (that) I've downloaded from** 명사
인터넷 = **Internet**

➡ And I also like to watch movies I've downloaded from the Internet.

## 4 번째 문장 영작해 보기

**만약 이를 보는 것이 싫증나게 되면, 저는 스마트폰으로 게임을 합니다.**

힌트 만약 제가 ~하게 되면, 저는 ~합니다. = **If I** 동사 , **I** 동사 .
~하는 것에 싫증이 나다 = **get tired of** 동사-ing
관람하다, 보다 = **watch**, 게임을 하다 = **play games**
나의 스마트폰으로 = **on my smart phone**

➡ If I get tired of watching them, I play games on my smart phone.

MP3 009

## 자, 이제 1분 동안 '영어'로 답해 볼까요?

① 도서 내 수록된 QR코드를 스캔한 후 '1분 영어 말하기 훈련 영상'이 재생되면,
② 원어민이 직접 녹음한 문장들을 한 문장씩 듣고 따라 말하는 연습을 하고,
③ 한 문장씩 말하는 연습을 끝낸 후엔, 1분짜리 영어 답변을 스스로 말해 봅니다.

**1** On the weekends, I usually watch TV shows or movies at home. **2** I like to watch entertainment programs like cooking shows or reality shows. **3** And I also like to watch movies I've downloaded from the Internet. **4** If I get tired of watching them, I play games on my smart phone.

### 오늘의 영어회화 필수표현 총정리

034 **I usually watch** 명사. = 저는 주로 ~을 봅니다.
035 **I like to watch** 명사. = 저는 ~을 보는 걸 좋아합니다.
036 **get tired of** 동사-ing = ~하는 것에 싫증이 나다
037 **play games on one's smart phone** = ~의 스마트폰으로 게임을 하다

Lesson 010

# 나의 외식 습관

Q

## How often do you eat out, and who do you usually eat out with?

당신은 주로 얼마나 외식을 하고,
주로 누구와 함께 외식을 하나요?

**이런 내용으로 답해 보면 어떨까요?**

저는 거의 매일 외식을 하고, 주로 직장 동료들과 함께 외식을 합니다. 저는 매일 사무실에서 일하기 때문에, 보통 직장 동료들과 함께 점심을 먹으러 나갑니다. 저희는 주로 된장찌개나 순두부찌개와 같은 한국식 식사를 합니다. 또는 가끔 저희는 편의점에서 점심 도시락을 사서 사무실에서 이를 먹기도 합니다.

## 1 번째 문장 영작해 보기

**저는 거의 매일 외식을 하고,**
**주로 직장 동료들과 함께 외식을 합니다.**

**힌트** 저는 거의 매일 ~합니다. = **I** ___동사___ **almost every day**.
외식을 하다 = **eat out**
저는 주로 A와 함께 ~합니다. = **I usually** ___동사___ **with A**.
나의 직장 동료 = **my colleague**

➡ I eat out almost every day and I usually eat out with my colleagues.

## 2 번째 문장 영작해 보기

**저는 매일 사무실에서 일하기 때문에,**
**보통 직장 동료들과 함께 점심을 먹으러 나갑니다.**

**힌트** 저는 매일 ~합니다. = **I** ___동사___ **every day**.
일하다 = **work**, 사무실에서 = **in the office**
저는 보통 A와 함께 ~합니다. = **I normally** ___동사___ **with A**.
점심을 먹으러 나가다 = **go out for lunch**, 나의 직장 동료 = **my colleague**

➡ I work in the office every day, so I normally go out for lunch with my colleagues.

## 3 번째 문장 영작해 보기

**저희는 주로 된장찌개나 순두부찌개와 같은 한국식 식사를 합니다.**

**힌트** 저희는 주로 ~합니다. = **We usually** 동사 .
식사를 하다 = **have a meal**
한국식 식사 = **Korean meal**
A나 B와 같은 = **such as A or B**

➡ We usually have a Korean meal such as Doenjang Jjigae or Soondubu Jjigae.

## 4 번째 문장 영작해 보기

**또는 가끔 저희는 편의점에서 점심 도시락을 사서 사무실에서 이를 먹기도 합니다.**

**힌트** 가끔 저희는 ~하기도 합니다. = **Sometimes we** 동사 .
사다, 구매하다 = **buy**, 점심 도시락 = **lunch box**
편의점에서 = **at the convenience store**
사무실에서 ~을 먹다 = **eat** 명사 **in the office**

➡ Or sometimes we buy lunch boxes at the convenience store and eat them in the office.

A

MP3 010

## 자, 이제 1분 동안 '영어'로 답해 볼까요?

① 도서 내 수록된 QR코드를 스캔한 후 '1분 영어 말하기 훈련 영상'이 재생되면,

② 원어민이 직접 녹음한 문장들을 한 문장씩 듣고 따라 말하는 연습을 하고,

③ 한 문장씩 말하는 연습을 끝낸 후엔, 1분짜리 영어 답변을 스스로 말해 봅니다.

**1** I eat out almost every day and I usually eat out with my colleagues. **2** I work in the office every day, so I normally go out for lunch with my colleagues. **3** We usually have a Korean meal such as Doenjang Jjigae or Soondubu Jjigae. **4** Or sometimes we buy lunch boxes at the convenience store and eat them in the office.

**오늘의 영어회화 필수표현 총정리**

038 **I _동사_ (almost) every day.** = 저는 (거의) 매일 ~합니다.
039 **eat out with _명사_** = ~와 함께 외식을 하다
040 **go out for lunch with _명사_** = ~와 함께 점심을 먹으러 나가다
041 **buy _명사_ at the convenience store** = 편의점에서 ~을 사다

Lesson
011

# 나의 인터넷 사용 습관

Q

## How long do you use the Internet a day, and what do you usually do on the Internet?

당신은 인터넷을 하루에 얼마나 오래 사용하고,
인터넷 상에선 주로 무엇을 하나요?

### 이런 내용으로 답해 보면 어떨까요?

저는 온라인으로 기사, 혹은 재미난 얘깃거리들을 읽기 위해 하루에 대략 3시간 정도 인터넷을 사용합니다. 저는 보통 지하철이나 버스에서 시간을 때우기 위해 스마트폰으로 인터넷 서핑을 합니다. 아니면, 저는 친구들의 블로그를 방문해서 이들의 사진이나 글에 댓글을 남기기도 합니다. 하지만 저는 공부나 업무에 필요한 정보를 찾기 위해 인터넷을 사용하기도 합니다.

1 번째 문장 영작해 보기

**저는 온라인으로 기사, 혹은 재미난 얘깃거리들을 읽기 위해 하루에 대략 3시간 정도 인터넷을 사용합니다.**

저는 ~하기 위해 ~합니다. = **I** __동사__ **to** __동사__.
하루에 ~시간 동안 A를 사용하다 = **use A for** __시간__ **hour(s) a day**
대략 ~시간 = **about** __시간__ **hour(s)**, 읽다 = **read**, 기사 = **article**
재미난 얘깃거리 = **fun story**, 온라인(으로) = **online**

➡ I use the Internet for about three hours a day to read articles or fun stories online.

2 번째 문장 영작해 보기

**저는 보통 지하철이나 버스에서 시간을 때우기 위해 스마트폰으로 인터넷 서핑을 합니다.**

저는 (보통) ~하기 위해 ~합니다. = **I (usually)** __동사__ **to** __동사__.
인터넷 서핑을 하다 = **surf the Internet**
나의 스마트폰으로 = **with my smart phone**
지하철이나 버스에서 = **on the subway or bus**, 시간을 때우다 = **kill time**

➡ I usually surf the Internet with my smart phone on the subway or bus to kill time.

## 3 번째 문장 영작해 보기

**아니면, 저는 친구들의 블로그를 방문해서 이들의 사진이나 글에 댓글을 남기기도 합니다.**

**힌트** 아니면, 저는 ~하기도 합니다. = **Or I** __동사__.
방문하다 = **visit**, 나의 친구들의 블로그 = **my friends' blogs**
~에 댓글을 남기다 = **leave comments on** __명사__
A나 B = **A or B**, 사진 = **picture**, 글 = **writing**

➡ Or I visit my friends' blogs and leave comments on their pictures or writings.

## 번째 문장 영작해 보기

**하지만 저는 공부나 업무에 필요한 정보를 찾기 위해 인터넷을 사용하기도 합니다.**

**힌트** 저는 ~하기 위해 ~하기도 합니다. = **I also** __동사__ **to** __동사__.
인터넷을 사용하다 = **use the Internet**
~에 필요한 정보를 찾다 = **find information for** __명사__
공부(공부하는 것) = **studying**, 나의 업무 = **my work**

➡ But I also use the Internet to find information for studying or my work.

A

MP3 011

## 자, 이제 1분 동안 '영어'로 답해 볼까요?

① 도서 내 수록된 QR코드를 스캔한 후 '1분 영어 말하기 훈련 영상'이 재생되면,
② 원어민이 직접 녹음한 문장들을 한 문장씩 듣고 따라 말하는 연습을 하고,
③ 한 문장씩 말하는 연습을 끝낸 후엔, 1분짜리 영어 답변을 스스로 말해 봅니다.

**1** I use the Internet for about three hours a day to read articles or fun stories online. **2** I usually surf the Internet with my smart phone on the subway or bus to kill time. **3** Or I visit my friends' blogs and leave comments on their pictures or writings. **4** But I also use the Internet to find information for studying or my work.

### 오늘의 영어회화 필수표현 총정리

**042** **I 동사 for 시간 hour(s) a day**. = 저는 하루에 ~시간 동안 ~합니다.
**043** **read articles/fun stories** = 기사들/재미난 얘깃거리들을 읽다
**044** **leave comments on 명사** = ~에 댓글을 남기다
**045** **find information for 명사** = ~에 필요한 정보를 찾다

Lesson

# 012 나의 스마트폰 사용 습관

Q

**What do you like to do with your smart phone?**

당신은 스마트폰으로 무엇을 즐겨 하나요?

**이런 내용으로 답해 보면 어떨까요?**

저는 주로 스마트폰으로 문자 메시지를 주고 받거나 인터넷 서핑을 합니다. 특히 저는 문자를 하는 데 있어 카카오톡 어플을 즐겨 쓰는데, 왜냐면 이것이 무료이기 때문입니다. 그리고 저는 폰으로 인터넷 상의 최근 이슈들과 재미있는 얘깃거리들에 대한 것을 즐겨 읽습니다. 따라서 저는 청구서 요금을 절약하기 위해 스마트폰에 데이터 무제한 요금제를 씁니다.

## 1 번째 문장 영작해 보기

**저는 주로 스마트폰으로**
**문자 메시지를 주고 받거나 인터넷 서핑을 합니다.**

힌트 저는 주로 ~합니다. = **I usually __동사__.**
문자 메시지를 주고 받다 = **exchange text messages**
인터넷 서핑을 하다 = **surf the Internet**
나의 스마트폰으로 = **with my smart phone**

➡ I usually exchange text messages and surf the Internet with my smart phone.

## 2 번째 문장 영작해 보기

**특히 저는 문자를 하는 데 있어 카카오톡 어플을 즐겨 쓰는데,**
**왜냐면 이것이 무료이기 때문입니다.**

힌트 특히 저는 ~하길 좋아합니다(즐깁니다). = **I especially like to __동사__.**
~하는 데 있어 A를 쓰다(사용하다) = **use A for __동사-ing__**
어플(어플리케이션) = **application**, 문자를 하다 = **text**
이것은 ~입니다. = **It is __형용사__.**, 공짜(무료인) = **free**

➡ I especially like to use the Kakaotalk application for texting, because it is free.

3 번째 문장 영작해 보기

**그리고 저는 폰으로 인터넷 상의 최근 이슈들과 재미있는 얘깃거리들에 대한 것을 즐겨 읽습니다.**

**힌트** 저는 ~하길 좋아합니다(즐깁니다). = **I like to** 동사 .
~에 대한 것을 읽다 = **read about** 명사 , 최근 이슈 = **current issue**
재미있는 얘깃거리 = **fun story**, 인터넷 상의 = **on the Internet**
나의 폰으로(전화기로) = **with my phone**

➡ And I like to read about current issues and fun stories on the Internet with my phone.

번째 문장 영작해 보기

**따라서 저는 청구서 요금을 절약하기 위해 스마트폰에 데이터 무제한 요금제를 씁니다.**

**힌트** 저는 ~하기 위해 ~합니다. = **I** 동사 **to** 동사 .
사용하다 = **use**, 데이터 무제한 요금제 = **unlimited data plan**
나의 스마트폰에 = **on my smart phone**
절약하다 = **save**, 나의 청구서 요금 = **money on my bill**

➡ So I use the unlimited data plan on my smart phone to save money on my bill.

MP3 012

## 자, 이제 1분 동안 '영어'로 답해 볼까요?

① 도서 내 수록된 QR코드를 스캔한 후 '1분 영어 말하기 훈련 영상'이 재생되면,
② 원어민이 직접 녹음한 문장들을 한 문장씩 듣고 따라 말하는 연습을 하고,
③ 한 문장씩 말하는 연습을 끝낸 후엔, 1분짜리 영어 답변을 스스로 말해 봅니다.

**1** I usually exchange text messages and surf the Internet with my smart phone. **2** I especially like to use the Kakaotalk application for texting, because it is free. **3** And I like to read about current issues and fun stories on the Internet with my phone. **4** So I use the unlimited data plan on my smart phone to save money on my bill.

### 오늘의 영어회화 필수표현 총정리

046 **I especially like to** 동사. = 저는 특히 ~하는 걸 좋아합니다(즐깁니다).
047 **exchange text messages** = 문자 메시지를 주고 받다
048 **use the unlimited data plan** = 데이터 무제한 요금제를 쓰다(사용하다)
049 **save money on one's bill** = ~의 청구서 요금을 절약하다

Lesson
# 013 나의 운동 습관

**Q**

**How often do you exercise? And where do you usually exercise?**

당신은 얼마나 자주 운동하나요?
그리고 주로 어디에서 운동을 하나요?

**이런 내용으로 답해 보면 어떨까요?**

저는 집 근처 공원에서 조깅을 즐겨 하고, 그리고 거의 매일같이 조깅을 합니다. 저는 산뜻한 아침 공기를 마시는 걸 좋아해서, 주로 아침에 조깅을 합니다. 조깅하기 전, 저는 항상 준비 운동 및 가벼운 스트레칭을 해둡니다. 그리고 저는 조깅을 하는 동안 댄스 음악과 같은 노래를 듣길 좋아합니다.

## 1 번째 문장 영작해 보기

**저는 집 근처 공원에서 조깅을 즐겨 하고,
그리고 거의 매일같이 조깅을 합니다.**

힌트 저는 ~하길 좋아합니다(즐깁니다). = **I like to** 동사 .
조깅하다 = **jog**, 공원에서 = **at the park**
나의 집 근처 = **near my house**
저는 거의 매일같이 ~합니다. = **I** 동사 **almost every day**.

➡ I like to jog at the park near my house, and I jog almost every day.

## 2 번째 문장 영작해 보기

**저는 산뜻한 아침 공기를 마시는 걸 좋아해서,
주로 아침에 조깅을 합니다.**

힌트 저는 주로 ~합니다. = **I usually** 동사 .
조깅하다 = **jog**, 아침에 = **in the morning**
저는 ~하길(하는 걸) 좋아합니다. = **I like to** 동사 .
들이마시다 = **breathe in**, 신선(산뜻)한 = **fresh**, 아침 공기 = **morning air**

➡ I usually jog in the morning, because I like to breathe in the fresh morning air.

## 3 번째 문장 영작해 보기

**조깅하기 전, 저는 항상 준비 운동 및 가벼운 스트레칭을 해둡니다.**

**힌트** 제가 ~하기 전 = **before I** __동사__
저는 항상 ~합니다. = **I always** __동사__.
조깅하다 = **jog**, 하다 = **do**, 준비 운동 = **warm up exercise**
가벼운 = **light**, 스트레칭 = **stretching**

➡ Before I jog, I always do some warm up exercises and light stretching.

## 번째 문장 영작해 보기

**그리고 저는 조깅을 하는 동안 댄스 음악과 같은 노래를 듣길 좋아합니다.**

**힌트** 저는 ~하길 좋아합니다. = **I like to** __동사__.
~을 듣다 = **listen to** __명사__, 음악, 곡(노래) = **music**
~와 같은 = **like** __명사__, 댄스 음악 = **dance music**
내가 ~하는 동안 = **while I'm** __동사-ing__, 조깅하다 = **jog**

➡ And I like to listen to some music like dance music while I'm jogging.

A

MP3 013

## 자, 이제 1분 동안 '영어'로 답해 볼까요?

① 도서 내 수록된 QR코드를 스캔한 후 '1분 영어 말하기 훈련 영상'이 재생되면,
② 원어민이 직접 녹음한 문장들을 한 문장씩 듣고 따라 말하는 연습을 하고,
③ 한 문장씩 말하는 연습을 끝낸 후엔, 1분짜리 영어 답변을 스스로 말해 봅니다.

**1** I like to jog at the park near my house, and I jog almost every day. **2** I usually jog in the morning, because I like to breathe in the fresh morning air. **3** Before I jog, I always do some warm up exercises and light stretching. **4** And I like to listen to some music like dance music while I'm jogging.

### 오늘의 영어회화 필수표현 총정리

**050** **breathe in the fresh morning air** = 신선한 아침 공기를 마시다
**051** **do some warm up exercises** = 준비 운동을 하다
**052** **do some light stretching** = 가벼운 스트레칭을 하다
**053** **listen to some music like** 명사 = ~와 같은 음악을 듣다

Lesson
014

# 내가 명절에 하는 일들

Q

## What do you usually do on traditional holidays in your country?

당신은 당신 나라의 전통 명절에
주로 무엇을 하나요?

**이런 내용으로 답해 보면 어떨까요?**

구정에, 저는 보통 제 가족들을 만나기 위해 고향으로 갑니다. 저는 서울에 혼자 살고 있기 때문에, 구정 때마다 부모님을 찾아 뵈려 노력합니다. 이 명절에, 우리는 보통 '떡국'과 같은 음식을 만들고 나누어 먹습니다. 그리고 우리는 또한 '윷놀이'와 같은 한국 전통 게임을 함께 하기도 합니다.

## 1 번째 문장 영작해 보기

**구정에, 저는 보통 제 가족들을 만나기 위해 고향으로 갑니다.**

힌트 구정에 = **on Luna New Years Day**
저는 주로(보통) ~합니다. = **I usually** 동사 .
~에 가다 = **go to** 장소 , 나의 고향 = **my hometown**
~하기 위해 = **to** 동사 , 만나다 = **meet**, 나의 가족 = **my family**

➡ On Luna New Years Day, I usually go to my hometown to meet my family.

## 2 번째 문장 영작해 보기

**저는 서울에 혼자 살고 있기 때문에, 구정 때마다 부모님을 찾아 뵈려 노력합니다.**

힌트 저는 ~에 혼자 삽니다. = **I live alone in** 장소 .
저는 ~하려 노력합니다. = **I try to** 동사 .
방문하다(찾아 뵙다) = **visit**, 나의 부모님 = **my parents**
구정 때마다 = **on every Luna New Years Day**

➡ I live alone in Seoul, so I try to visit my parents on every Luna New Years Day.

## 3 번째 문장 영작해 보기

**이 명절에, 우리는 보통 '떡국'과 같은 음식을 만들고 나누어 먹습니다.**

**힌트** 이 명절에 = **on this holiday**
우리는 주로(보통) ~합니다. = **We usually** _동사_.
~을 만들고 나누다(나누어 먹다) = **make and share** _명사_
음식 = **food**, ~와 같은 = **like** _명사_

➡ On this holiday, we usually make and share food like 'Tteokguk'.

## 번째 문장 영작해 보기

**그리고 우리는 또한 '윷놀이'와 같은 한국 전통 게임을 함께 하기도 합니다.**

**힌트** 우리는 또한 ~하기도 합니다. = **We also** _동사_.
함께 ~(게임 등)을 하다 = **play** _명사_ **together**
한국의 = **Korean**, 전통 게임 = **traditional game**
~와 같은 = **like** _명사_

➡ And we also play Korean traditional games like 'Yut-nori' together.

## 자, 이제 1분 동안 '영어'로 답해 볼까요?

① 도서 내 수록된 QR코드를 스캔한 후 '1분 영어 말하기 훈련 영상'이 재생되면,
② 원어민이 직접 녹음한 문장들을 한 문장씩 듣고 따라 말하는 연습을 하고,
③ 한 문장씩 말하는 연습을 끝낸 후엔, 1분짜리 영어 답변을 스스로 말해 봅니다.

**1** On Luna New Years Day, I usually go to my hometown to meet my family. **2** I live alone in Seoul, so I try to visit my parents on every Luna New Years Day. **3** On this holiday, we usually make and share food like 'Tteokguk'. **4** And we also play Korean traditional games like 'Yut-nori' together.

**오늘의 영어회화 필수표현 총정리**

**054** **I live alone in** ___장소___. = 저는 ~에 혼자 삽니다.
**055** **go to one's hometown** = ~의 고향에 가다
**056** **visit one's parents** = ~의 부모님을 찾아 뵙다
**057** **make and share food** = 음식을 만들고 나누어 먹다

# Chapter 3

# 나의 주변 사람에 대해 영어로 말하기

Lesson

# 015

# 나의 절친한 친구

## Q

**Please tell me about your best friend.**

당신의 가장 친한 친구에 대해 말해 보세요.

**이런 내용으로 답해 보면 어떨까요?**

저는 제 가장 친한 친구인, 기원이에 대해 이야기했으면 합니다. 저희 둘이 중학교에서 만난 이후로, 저는 그를 약 20년 동안 알고 지내고 있습니다. 그 당시, 우린 같은 학교 동아리였기 때문에 아주 빠르게 가까워졌습니다. 그는 정말이지 유머 감각이 좋아서, 그와 어울리는 건 항상 즐겁습니다.

## 1 번째 문장 영작해 보기

**저는 제 가장 친한 친구인,**
**기원이에 대해 이야기했으면 합니다.**

**힌트** 저는 ~했으면 합니다. = **I'd like to** __동사__.
('I'd like to 동사'라는 표현은 '나 ~하고 싶어'라는 뜻의 'I want to 동사'보다 좀더 격식을 갖춘 뉘앙스로 말할 때 쓸 수 있는 표현입니다.)
~에 대해 이야기하다 = **talk about** __명사__
나의 가장 친한(절친한) 친구 = **my best friend**

➡ I'd like to talk about my best friend, Kiwon.

## 2 번째 문장 영작해 보기

**저희 둘이 중학교에서 만난 이후로,**
**저는 그를 약 20년 동안 알고 지내고 있습니다.**

**힌트** 저는 A를 ~ 동안 알고 지내고 있습니다. = **I've known A for** __기간__.
약 ~년 = **about** __숫자__ **year(s)**. ~ 이후로 = **since** __명사/문장__
우리가(저희 둘이) ~에서 만났다. = **We met in** __장소__.

중학교 = **middle school**

➡ I've known him for about twenty years since we met in middle school.

## 3 번째 문장 영작해 보기

**그 당시, 우린 같은 학교 동아리였기 때문에 아주 빠르게 가까워졌습니다.**

**힌트** 그 당시 = **at that time**
우린 ~에 (속해) 있었습니다. = **We were in** 명사 .
같은 학교 동아리 = **same school club** ('club'은 '동아리'라고도 해석됩니다.)
가까워졌다 = **got close**, 매우 빠르게 = **very fast**

➡ At that time, we were in the same school club, so we got close very fast.

## 번째 문장 영작해 보기

**그는 정말이지 유머 감각이 좋아서, 그와 어울리는 건 항상 즐겁습니다.**

**힌트** 그는 ~의 감각이 있습니다. = **He has a sense of** 명사 .
그는 ~의 감각이 좋습니다. = **He has a nice sense of** 명사 .
~하는 것은 항상 ~합니다. = **It is always** 형용사 **to** 동사 .
유머 = **humor**, 즐거운 = **fun**, ~와 어울리다 = **hang out with** 명사

➡ He has such a nice sense of humor, so it is always fun to hang out with him.

A

MP3 015

## 자, 이제 1분 동안 '영어'로 답해 볼까요?

① 도서 내 수록된 QR코드를 스캔한 후 '1분 영어 말하기 훈련 영상'이 재생되면,
② 원어민이 직접 녹음한 문장들을 한 문장씩 듣고 따라 말하는 연습을 하고,
③ 한 문장씩 말하는 연습을 끝낸 후엔, 1분짜리 영어 답변을 스스로 말해 봅니다.

**1** I'd like to talk about my best friend, Kiwon. **2** I've known him for about twenty years since we met in middle school. **3** At that time, we were in the same school club, so we got close very fast. **4** He has such a nice sense of humor, so it is always fun to hang out with him.

### 오늘의 영어회화 필수표현 총정리

**058** **I'd like to** 동사 . = 저는 ~했으면 합니다. (격식을 갖춰서 말할 때)
**059** **I've known A for** 기간 . = 저는 A를 ~ 동안 알고 지내고 있습니다.
**060** **get close very fast** = 매우 빠르게 가까워지다
**061** **have a nice sense of humor** = 유머 감각이 좋다

Lesson 016

# 친구와 함께 무엇을 하는지

Q

**What do you usually do when you hang out with your friends?**

당신은 친구들과 어울릴 때
보통 무엇을 하나요?

**이런 내용으로 답해 보면 어떨까요?**

저는 친구들과 어울릴 때, 주로 이들과 술을 마시는 편입니다. 우린 모두 매일 6시에 일을 끝마치기 때문에, 우린 보통 퇴근 후에 어울립니다. 우린 우리가 가장 좋아하는 술집에서 만나 소주를 마시며 일상에 대한 이야기를 나누길 좋아합니다. 가끔은, 우린 낚시나 하이킹 같은 야외 활동을 함께 하기도 합니다.

## 1번째 문장 영작해 보기

**저는 친구들과 어울릴 때,**
**주로 이들과 술을 마시는 편입니다.**

힌트
저는 ~할 때 = **when I** 동사
~와 어울리다 = **hang out with** 명사 , 나의 친구 = **my friend**
저는 주로(보통) ~합니다. = **I usually** 동사 .
~와 술을 마시다 = **have drinks with** 명사

➡ When I hang out with my friends, I usually have drinks with them.

## 2번째 문장 영작해 보기

**우린 모두 매일 6시에 일을 끝마치기 때문에,**
**우린 보통 퇴근 후에 어울립니다.**

힌트
우린 모두 매일 ~합니다. = **We all** 동사 **every day**.
~시에 일을 끝마치다 = **finish work by** 시간
우린 보통 ~합니다. = **We normally** 동사 .
어울리다 = **hang out**, 퇴근 후 = **after work**

➡ We all finish work by six every day, so we normally hang out after work.

## 3 번째 문장 영작해 보기

**우린 우리가 가장 좋아하는 술집에서 만나**
**소주를 마시며 일상에 대한 이야기를 나누길 좋아합니다.**

힌트 우린 (~하러) ~하길 좋아합니다. = **We like to** 동사 (**to** 동사).
만나다 = **meet**, 우리가 가장 좋아하는 술집에서 = **at our favorite bar**
소주를 마시다 = **have soju**, ~에 대해 이야기를 나누다 = **talk about** 명사
우리의 일상 = **our daily lives**

➡ We like to meet at our favorite bar to have soju, and talk about our daily lives.

## 번째 문장 영작해 보기

**가끔은, 우린 낚시나 하이킹 같은**
**야외 활동을 함께 하기도 합니다.**

힌트 가끔은, 우린 ~합니다. = **Sometimes, we** 동사 .
하다 = **do**, 야외 활동 = **outdoor activity**, 함께 = **together**
A나 B와 같은 = **like A or B**
낚시(낚시하는 것) = **fishing**, 하이킹 = **hiking**

➡ Sometimes, we do some outdoor activities together like fishing or hiking.

MP3 016

## 자, 이제 1분 동안 '영어'로 답해 볼까요?

① 도서 내 수록된 QR코드를 스캔한 후 '1분 영어 말하기 훈련 영상'이 재생되면,
② 원어민이 직접 녹음한 문장들을 한 문장씩 듣고 따라 말하는 연습을 하고,
③ 한 문장씩 말하는 연습을 끝낸 후엔, 1분짜리 영어 답변을 스스로 말해 봅니다.

1 When I hang out with my friends, I usually have drinks with them. 2 We all finish work by six every day, so we normally hang out after work. 3 We like to meet at our favorite bar to have soju, and talk about our daily lives. 4 Sometimes, we do some outdoor activities together like fishing or hiking.

### 오늘의 영어회화 필수표현 총정리

062 **hang out with 명사 (after work)** = (퇴근 후) ~와 어울리다
063 **have drinks with 명사** = ~와 술을 마시다
064 **talk about one's daily life(lives)** = ~의 일상에 대한 이야기를 나누다
065 **do outdoor activities** = 야외 활동을 하다

Lesson
017

# 내게 자극이 되는 친구

Q

**Do you have a person who inspires you? Please talk about him or her.**

당신에겐 당신에게 자극이 되는 사람이 있나요?
그, 혹은 그녀에 대해 제게 이야기해 보세요.

**이런 내용으로 답해 보면 어떨까요?**

저는 제 친구 '주원'이가 제게 가장 자극이 되는 사람이라고 봅니다. 저는 이 친구만큼 긍정적인 이를 만나본 적이 없고, 그는 그 어떤 것에 있어서도 절대 포기하지 않습니다. 그는 어려움에 처했을 땐, 이를 항상 자신을 발전시킬 기회로 활용하려 노력합니다. 따라서 저는 그가 제 삶을 최선을 다해 살게끔 동기 부여를 해주는 사람이라 생각합니다.

## 1 번째 문장 영작해 보기

**저는 제 친구 '주원'이가**
**제게 가장 자극이 되는 사람이라고 봅니다.**

**힌트** 저는 ~라고 봅니다(생각합니다). = **I think** 문장 .
A가 ~하는 사람입니다. = **A is the person who** 동사-(e)s .
나의 친구, 'OOO' = **my friend, 'OOO'**
나를 자극하다(내게 자극이 되다) = **inspire me**, 가장 많이 = **the most**

➡ I think my friend 'Joowon' is the person who inspires me the most.

## 2 번째 문장 영작해 보기

**저는 이 친구만큼 긍정적인 이를 만나본 적이 없고,**
**그는 그 어떤 것에 있어서도 절대 포기하지 않습니다.**

**힌트** 저는 ~을 만나본 적이 없습니다. = **I've never met** 명사 .
그(이 친구)만큼 ~한 누구 = **anyone, who is as** 형용사 **as he is**
긍정적인 = **positive**, 그는 절대 ~하지 않습니다. = **He never** 동사-(e)s .
~에 있어 포기하다 = **give up on** 명사 , 무엇, 무엇이든 = **anything**

➡ I've never met anyone, who is as positive as he is, and he never gives up on anything.

## 3 번째 문장 영작해 보기

**그는 어려움에 처했을 땐,**
**이를 항상 자신을 발전시킬 기회로 활용하려 노력합니다.**

힌트 그는 ~할 땐 = **when he 동사-(e)s**, 어려움에 처하다 = **have difficulties**
그는 항상 ~하려 노력합니다. = **He always tries to 동사**.
A를 ~할 기회로 활용하다 = **use A as a chance to 동사**
그 자신을 발전시키다 = **improve himself**

➡ When he has difficulties, he always tries to use them as chances to improve himself.

## 4 번째 문장 영작해 보기

**따라서 저는 그가 제 삶을 최선을 다해 살게끔**
**동기 부여를 해주는 사람이라 생각합니다.**

힌트 저는 ~라고 생각합니다. = **I think 문장**.
그가 ~하는 사람입니다. = **He is the one who 동사-(e)s**.
내가 ~하게끔 동기 부여를 해주다 = **motivate me to 동사**
내 삶을 최선을 다해 살다 = **live my life to the fullest**

➡ So I think he is the one who motivates me to live my life to the fullest.

A

## 자, 이제 1분 동안 '영어'로 답해 볼까요?

① 도서 내 수록된 QR코드를 스캔한 후 '1분 영어 말하기 훈련 영상'이 재생되면,
② 원어민이 직접 녹음한 문장들을 한 문장씩 듣고 따라 말하는 연습을 하고,
③ 한 문장씩 말하는 연습을 끝낸 후엔, 1분짜리 영어 답변을 스스로 말해 봅니다.

**1** I think my friend 'Joowon' is the person who inspires me the most. **2** I've never met anyone, who is as positive as he is, and he never gives up on anything. **3** When he has difficulties, he always tries to use them as chances to improve himself. **4** So I think he is the one who motivates me to live my life to the fullest.

**오늘의 영어회화 필수표현 총정리**

**066** **inspire(motivate) me the most** = 나를 가장 많이 자극(동기 부여)하다
**067** **never give up on anything** = 절대 그 어떤 것도 포기하지 않다
**068** **use A as a chance to** 동사 = A를 ~할 기회로 활용하다
**069** **live my life to the fullest** = 내 삶을 최선을 다해 살다

# Lesson 018

# 나의 직장 동료

## Q

**What are your coworkers like in your current company? Do you like them?**

최근 당신 직장의 직장 동료들은 어떤가요?
당신은 그들을 좋아하나요?

**이런 내용으로 답해 보면 어떨까요?**

제 생각에 제 직장 동료들은 어울리기 아주 편하고 재미있습니다. 우리는 퇴근 후 종종 술을 마시곤 하며, 이들과 어울리는 건 항상 즐겁습니다. 그리고 이들은 항상 제 말을 굉장히 주의 깊게 들어주고 제 의견을 존중해 줍니다. 따라서 저는 이들과 같이 정말 좋은 직장 동료들이 있어 제가 정말 운이 좋다고 생각합니다.

## 1 번째 문장 영작해 보기

**제 생각에 제 직장 동료들은
어울리기 아주 편하고 재미있습니다.**

힌트 제 생각에 ~입니다(저는 ~라고 생각합니다). = **I think** 문장 ,
제 직장 동료들은 ~합니다. = **My coworkers are** 형용사 .
어울리기에 ~한 = 형용사 **to socialize with**
편한 = **easygoing**, 재미있는 = **fun**

➡ I think my coworkers are very easygoing and fun to socialize with.

## 2 번째 문장 영작해 보기

**우리는 퇴근 후 종종 술을 마시곤 하며,
이들과 어울리는 건 항상 즐겁습니다.**

힌트 우리는 종종 ~합니다. = **We often** 동사 .
술을 마시다 = **have drinks**, 퇴근 후 = **after work**
~하는 건 항상 ~합니다. = **It is always** 형용사 **to** 동사 .
재미있는, 즐거운 = **fun**, ~와 어울리다 = **hang out with** 명사

➡ We often have drinks after work, and it is always fun to hang out with them.

## 3 번째 문장 영작해 보기

**그리고 이들은 항상 제 말을 굉장히 주의 깊게 들어주고 제 의견을 존중해 줍니다.**

**힌트** 이들은 항상 ~합니다. = **They always** 동사 .
~을 굉장히 주의 깊게 듣다 = **listen to** 명사 **very carefully**
('listen to 사람'이라고 하면 '그 사람의 '말'을 듣다'라고 해석됩니다.)
존중하다 = **respect**, 나의 의견 = **my opinion**

➡ And they always listen to me very carefully and respect my opinion.

## 번째 문장 영작해 보기

**따라서 저는 이들과 같이 좋은 직장 동료들이 있어 제가 정말 운이 좋다고 생각합니다.**

**힌트** 저는 ~라고 생각합니다. = **I think** 문장 .
저는 ~해서 정말 운이 좋습니다. = **I'm very lucky to** 동사 .
(정말) 좋은 직장 동료들을 갖고 있다 = **have (such) good colleagues**
~와 같이 = **like** 명사

➡ So I think I'm very lucky to have such good colleagues like them.

MP3 018

## 자, 이제 1분 동안 '영어'로 답해 볼까요?

① 도서 내 수록된 QR코드를 스캔한 후 '1분 영어 말하기 훈련 영상'이 재생되면,
② 원어민이 직접 녹음한 문장들을 한 문장씩 듣고 따라 말하는 연습을 하고,
③ 한 문장씩 말하는 연습을 끝낸 후엔, 1분짜리 영어 답변을 스스로 말해 봅니다.

1 I think my coworkers are very easygoing and fun to socialize with. 2 We often have drinks after work, and it is always fun to hang out with them. 3 And they always listen to me very carefully and respect my opinion. 4 So I think I'm very lucky to have such good colleagues like them.

**오늘의 영어회화 필수표현 총정리**

070 **easygoing and fun to socialize with** = 어울리기 편하고 재미있는
071 **have drinks after work** = 퇴근 후 술을 마시다
072 **listen to** 명사 **very carefully** = ~(의 말)을 굉장히 주의 깊게 들어주다
073 **respect one's opinion** = ~의 의견을 존중해 주다

Lesson
# 019

# 나와 잘 맞는 직장 동료

Q

**Can you tell me about one of your colleagues that you like to work with?**

당신이 함께 일하기 좋아하는 직장 동료 중 한 명에 대해 이야기해 줄 수 있나요?

**이런 내용으로 답해 보면 어떨까요?**

네, 저는 제 직장 동료 중 한 명인 Chris에 대해 이야기했으면 합니다. 저는 대략 3년 동안 그와 함께 일을 해오고 있습니다. 그는 같이 일하기 정말 좋은 사람입니다, 왜냐면 너무나 좋은 성격을 갖고 있기 때문입니다. 그는 항상 제 말에 잘 귀 기울여주고, 저는 그가 다른 사람들의 험담을 하는 걸 단 한 번도 본 적이 없습니다.

1 번째 문장 영작해 보기

**네, 저는 제 직장 동료 중 한 명인 Chris에 대해 이야기했으면 합니다.**

힌트 저는 ~했으면 합니다. = **I'd like to** 동사 .
('I'd like to 동사'라는 표현은 '나 ~하고 싶어'라는 뜻의 'I want to 동사'보다 좀더 격식을 갖춘 뉘앙스로 말할 때 쓸 수 있는 표현입니다.)
~에 대해 이야기하다 = **talk about** 명사
내 직장 동료 중의 한 명인 OOO = **one of my colleagues, OOO**

➡ Yes, I'd like to talk about one of my colleagues, Chris.

2 번째 문장 영작해 보기

**저는 대략 3년 동안 그와 함께 일을 해오고 있습니다.**

힌트 저는 ~ 동안 ~해오고 있습니다. = **I've been** 동사-ing **for** 기간 .
('have been 동사-ing'는 과거 어떤 시점부터 지금까지 지속적으로 뭔가를 해오고 있다고 말할 때 쓸 수 있는 표현입니다(영문법 용어로 '현재완료진행').
~와 함께 일하다 = **work with** 명사
대략(약) 3년 = **about three years**

➡ I've been working with him for about three years.

## 3 번째 문장 영작해 보기

**그는 같이 일하기 정말 좋은 사람입니다,
왜냐면 너무나 좋은 성격을 갖고 있기 때문입니다.**

**힌트** 그는 ~하기에 ~한 사람입니다. = **He is very** 형용사 **to** 동사 .
정말 좋은(멋진) = **very nice**, 같이 일하다 = **work with**
그는 ~한 성격을 갖고 있습니다. = **He has a(an)** 형용사 **personality**.
너무나 좋은, 굉장히 좋은 = **really good**

➡ He is very nice to work with, because he has a really good personality.

## 4 번째 문장 영작해 보기

**그는 항상 제 말에 잘 귀 기울여주고, 저는 그가
다른 사람들의 험담을 하는 걸 단 한 번도 본 적이 없습니다.**

**힌트** 그는 항상 ~합니다. = **He always** 동사-(e)s .
~(의 말)에 잘 귀 기울이다 = **listen to** 명사 **well**
저는 A가 ~하는 걸 단 한 번도 본 적이 없습니다. = **I've never seen A** 동사 .
~의 험담을 하다 = **talk behind ___'s back(s)**, 다른 사람들 = **other people**

➡ He always listens to me well, and I've never seen him talk behind other people's backs.

A

MP3 019

## 자, 이제 1분 동안 '영어'로 답해 볼까요?

① 도서 내 수록된 QR코드를 스캔한 후 '1분 영어 말하기 훈련 영상'이 재생되면,

② 원어민이 직접 녹음한 문장들을 한 문장씩 듣고 따라 말하는 연습을 하고,

③ 한 문장씩 말하는 연습을 끝낸 후엔, 1분짜리 영어 답변을 스스로 말해 봅니다.

**1** Yes, I'd like to talk about one of my colleagues, Chris. **2** I've been working with him for about three years. **3** He is very nice to work with, because he has a really good personality. **4** He always listens to me well, and I've never seen him talk behind other people's backs.

**오늘의 영어회화 필수표현 총정리**

**074** **I've been** <u>동사-ing</u> **for** <u>기간</u>. = 저는 ~ 동안 ~해오고 있습니다.
('I've been 동사-ing'는 과거부터 현재까지 진행해 온 일을 말할 때 씁니다.)

**075** **listen to me well** = 내 말에 잘 귀 기울이다

**076** **talk behind someone's back(s)** = ~의 험담을 하다

Lesson

# 020 나의 사랑하는 부모님

## Q

**Do you have a person who inspires you? Please talk about him or her.**

당신에겐 당신에게 자극이 되는 사람이 있나요?
그, 혹은 그녀에 대해 제게 이야기해 보세요.

**이런 내용으로 답해 보면 어떨까요?**

저는 저의 어머니께서 제게 가장 자극이 되는 분이라고 봅니다. 그녀(어머니)는 항상 우리 가족을 위해 열심히 일하시고, 피곤하다는 말씀을 절대 하시지 않습니다. 또한, 그녀(어머니)는 항상 자신보다 저와 저의 아버지를 먼저 생각하십니다. 따라서 저는 저의 어머니를 볼 때마다 정말 최선을 다해 살아야겠다는 생각을 합니다.

## 1 번째 문장 영작해 보기

**저는 저의 어머니께서**
**제게 가장 자극이 되는 분이라고 봅니다.**

**힌트** 저는 ~라고 봅니다(생각합니다). = **I think** __문장__ .
A가 ~하는 사람입니다. = **A is the person who** __동사-(e)s__ .
나의 어머니 = **my mother**
나를 자극하다(내게 자극이 되다) = **inspire me**, 가장 많이 = **the most**

➡ I think my mother is the person who inspires me the most.

## 2 번째 문장 영작해 보기

**그녀(어머니)는 항상 우리 가족을 위해 열심히 일하시고,**
**피곤하다는 말씀을 절대 하시지 않습니다.**

**힌트** 그녀는 항상 ~합니다. = **She always** __동사-(e)s__ .
~을 위해 열심히 일하다 = **work hard for** __명사__ , 우리 가족 = **our family**
그녀는 절대 ~라고 하지 않습니다. = **She never says** __문장__ .
그녀가 ~하다(한 상태이다). = **She is** __형용사__ ., 피곤한 = **tired**

➡ She always works hard for our family, and never says she is tired.

## 3 번째 문장 영작해 보기

**또한, 그녀(어머니)는 항상 자신보다
저와 저의 아버지를 먼저 생각하십니다.**

**힌트** 그녀는 항상 ~합니다. = **She always** __동사-(e)s__.
~을 생각하다 = **think of** __명사__
나와 나의 아버지 = **me and my father**
그녀 자신보다 먼저 = **before herself**

___

___

➡ Also, she always thinks of me and my father before herself.

## 번째 문장 영작해 보기

**따라서 저는 저의 어머니를 볼 때마다
정말 최선을 다해 살아야겠다는 생각을 합니다.**

**힌트** 제가 ~할 때마다 = **whenever I** __동사__
보다 = **see**, 나의 어머니 = **my mother**
저는 ~해야겠다는 생각을 합니다. = **I think I should** __동사__.
내 삶을 최선을 다해 살다 = **live my life to the fullest**

___

___

➡ So whenever I see my mother, I think I should live my life to the fullest.

A

MP3 020

## 자, 이제 1분 동안 '영어'로 답해 볼까요?

① 도서 내 수록된 QR코드를 스캔한 후 '1분 영어 말하기 훈련 영상'이 재생되면,
② 원어민이 직접 녹음한 문장들을 한 문장씩 듣고 따라 말하는 연습을 하고,
③ 한 문장씩 말하는 연습을 끝낸 후엔, 1분짜리 영어 답변을 스스로 말해 봅니다.

**1** I think my mother is the person who inspires me the most. **2** She always works hard for our family, and never says she is tired. **3** Also, she always thinks of me and my father before herself. **4** So whenever I see my mother, I think I should live my life to the fullest.

**오늘의 영어회화 필수표현 총정리**

**077 work hard for** 명사 = ~을 위해 열심히 일하다
**078 A never say(s)** 문장 . = A는 절대 ~라고 말하지 않습니다.
**079 think of** 명사 **before oneself** = ~을 자기 자신보다 먼저 생각하다
**080 I think I should** 동사 . = 전 ~해야겠다는 생각을 합니다.

Lesson
# 021 내가 존경하는 인물

## Q Can you tell me about the CEO that you most admire?

당신이 가장 존경하는 CEO에 대해 제게 말해줄 수 있나요?

**이런 내용으로 답해 보면 어떨까요?**

제가 가장 존경하는 CEO는 스티브 잡스입니다. 그는 Apple 사의 설립자였으며, 스마트폰과 같은 수많은 혁신적인 기기들을 창조해냈습니다. 현재 전 세계의 모든 이들은 그의 발명품 없인 살아갈 수 없게 되었습니다. 그의 성공 비결은 창의적인 태도로 새로운 것들을 시도하길 절대 멈추지 않았다는 것입니다.

CHIEF EXECUTIVE OFFICER

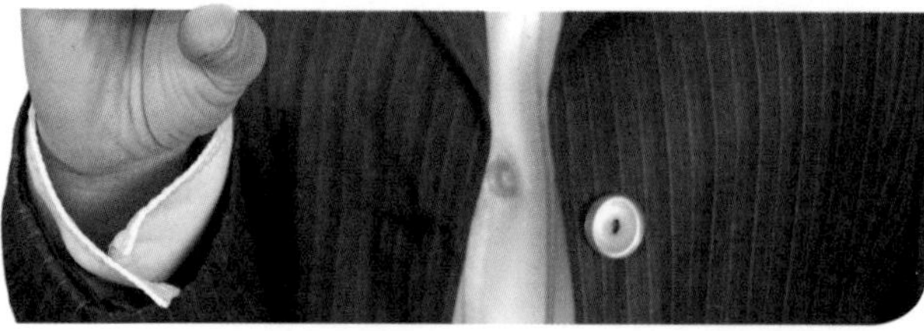

## 1 번째 문장 영작해 보기

**제가 가장 존경하는 CEO는**
**스티브 잡스입니다.**

힌트 CEO = '**Chief Executive Officer**'의 줄임말
내가 존경하는 CEO = **The CEO I admire**
내가 가장 존경하는 CEO = **The CEO I most admire**
내가 가장 존경하는 CEO는 ~입니다. = **The CEO I most admire is** __명사__.
(위 문장이 보기엔 복잡해 보이지만 'A is B(A는 B이다)'라는 아주 간단한 형태!)

➡ The CEO I most admire is Steve Jobs.

## 2 번째 문장 영작해 보기

**그는 Apple 사의 설립자였으며,**
**스마트폰과 같은 수많은 혁신적인 기기들을 창조해냈습니다.**

힌트 그는 ~의 설립자였습니다. = **He was the founder of** __명사__.
그는 수많은 ~을 창조해냈습니다. = **He created many** __복수 명사__.
혁신적인 = **innovative**, 기기 = **device**
~와 같은 = **like** __명사__, 스마트폰 = **smart phone**

➡ He was the founder of Apple and created many innovative devices like smart phones.

## 3 번째 문장 영작해 보기

**현재 전 세계의 모든 이들은**
**그의 발명품 없인 살아갈 수 없게 되었습니다.**

**힌트** 지금, 현재 = **now**
A는 B 없인 살아갈 수 없습니다. = **A can't live without B**.
모든 이들 = **everyone**, 전 세계의 = **around the world**
그의 발명품들 = **his inventions**

➡ Now, everyone around the world can't live without his inventions.

## 번째 문장 영작해 보기

**그의 성공 비결은 창의적인 태도로**
**새로운 것들을 시도하길 절대 멈추지 않았다는 것입니다.**

**힌트** 그의 성공 비결은 ~입니다. = **His key to success is that** 문장 .
그는 ~하길 절대 멈추지 않았습니다. = **He never stopped** **동사-ing** .
창의적이다, 창의적인 태도이다 = **be creative**
시도하다 = **try**, 새로운 것들 = **new things**

➡ His key to success is that he never stopped being creative and trying new things.

MP3 021

## 자, 이제 1분 동안 '영어'로 답해 볼까요?

① 도서 내 수록된 QR코드를 스캔한 후 '1분 영어 말하기 훈련 영상'이 재생되면,
② 원어민이 직접 녹음한 문장들을 한 문장씩 듣고 따라 말하는 연습을 하고,
③ 한 문장씩 말하는 연습을 끝낸 후엔, 1분짜리 영어 답변을 스스로 말해 봅니다.

**1** The CEO I most admire is Steve Jobs. **2** He was the founder of Apple and created many innovative devices like smart phones. **3** Now, everyone around the world can't live without his inventions. **4** His key to success is that he never stopped being creative and trying new things.

**오늘의 영어회화 필수표현 총정리**

**081 A was the founder of** 명사. = A는 ~의 설립자였습니다.
**082 A created** 명사. = A는 ~을 창조해냈습니다.
**083 His(Her) key to success is that** 문장. = 그(그녀)의 성공 비결은 ~입니다.
**084 A never stopped** 동사-ing. = A는 ~하길 절대 멈추지 않았습니다.

# Chapter 4

# 내가 좋아하는 것들에 대해 영어로 말하기

Lesson 022

# 내가 좋아하는 배우

Q

**Who is your favorite actor? And why do you like him or her?**

당신이 가장 좋아하는 배우는 누구인가요?
그리고 당신은 그, 혹은 그녀를 왜 좋아하나요?

**이런 내용으로 답해 보면 어떨까요?**

제가 가장 좋아하는 배우는 송강호라고 할 수 있습니다. 제가 그를 좋아하는 이유는 바로 연기력이 굉장히 뛰어나기 때문입니다. 제 생각에, 그는 영화 '변호인'에서 가장 뛰어난 연기를 보여줬습니다. 그는 이 영화로 대종상 영화제에서 최우수 남자 연기자 상을 받았습니다.

## 1 번째 문장 영작해 보기

**제가 가장 좋아하는 배우는 송강호라고 할 수 있습니다.**

**힌트** ~라고 할 수 있습니다. = **I can say that** 문장 .
제가 가장 좋아하는 배우는 ~입니다. = **My favorite actor is** 명사 .
(주로 남자 배우는 'actor', 그리고 여자 배우는 'actress'라는 단어로 칭하는데, 여자 배우들의 경우 'actress'보다 'actor'로 칭해지길 바라는 이도 꽤 많습니다.)
남자 배우 = **actor**, 여자 배우 = **actress**

➡ I can say that my favorite actor is Gangho Song.

## 2 번째 문장 영작해 보기

**제가 그를 좋아하는 이유는 바로 연기력이 굉장히 뛰어나기 때문입니다.**

**힌트** 제가 A를 좋아하는 이유는 바로 ~이기 때문입니다.
= **The reason I like A is that** 문장 .
그의 연기는 ~합니다. = **His performances are** 형용사 .
('performance'는 '공연, 연주, 연기', 혹은 '수행, 실적'을 뜻하는 단어입니다.)
진짜로, 굉장히 = **really**, 뛰어난(우수한) = **outstanding**

➡ The reason I like him is that his performances are really outstanding.

## 3 번째 문장 영작해 보기

**제 생각에, 그는 영화 '변호인'에서 가장 뛰어난 연기를 보여줬습니다.**

힌트 제 생각에, 제 의견으로는 = **in my opinion**
그는 ~한 연기를 보여줬습니다. = **He gave a(an) 형용사 performance.**
그의 가장 뛰어난(훌륭한) 연기 = **his best performance**
영화 'OOO'에서 = **in the movie, 'OOO'**, 변호인 = **attorney**

➡ In my opinion, he gave his best performance in the movie 'The Attorney'.

## 4 번째 문장 영작해 보기

**그는 이 영화로 대종상 영화제에서 최우수 남자 연기자 상을 받았습니다.**

힌트 그는 이 영화로 ~을 받았습니다. = **He got 명사 for this movie.**
최우수 남자 연기자 상 = **the Best Actor Award**
(최우수 여자 연기자 상은 'the Best Actress Award'라고 할 수 있겠죠?)
대종상 영화제에서 = **at the Daejong Film Awards**

➡ He got the Best Actor Award at the Daejong Film Awards for this movie.

A

MP3 022

## 자, 이제 1분 동안 '영어'로 답해 볼까요?

① 도서 내 수록된 QR코드를 스캔한 후 '1분 영어 말하기 훈련 영상'이 재생되면,
② 원어민이 직접 녹음한 문장들을 한 문장씩 듣고 따라 말하는 연습을 하고,
③ 한 문장씩 말하는 연습을 끝낸 후엔, 1분짜리 영어 답변을 스스로 말해 봅니다.

**1** I can say that my favorite actor is Gangho Song. **2** The reason I like him is that his performances are really outstanding. **3** In my opinion, he gave his best performance in the movie 'The Attorney'. **4** He got the Best Actor Award at the Daejong Film Awards for this movie.

### 오늘의 영어회화 필수표현 총정리

085 **I can say that** 문장 . = ~라고 할 수 있습니다.
086 **His(Her) performances are** 형용사 . = 그(그녀)의 연기는 ~합니다.
087 **give one's best performance** = ~의 가장 뛰어난 연기를 보여주다
088 **get the Best Actor/Actress Awards** = 최우수 남자/여자 연기자 상을 타

Lesson 023

# 내가 좋아하는 스타를 우연히 만난다면?

Q

## If you met your favorite celebrity unexpectedly, what would you do?

당신이 가장 좋아하는 유명인을 우연히 만난다면, 당신은 뭘 할 건가요?

### 이런 내용으로 답해 보면 어떨까요?

전 제가 가장 좋아하는 유명인을 우연히 만나게 된다면, 전 아마 그에게 사인을 해달라고 부탁할 겁니다. 제 친구 중 한 명은 자신의 야구공에 본인이 가장 좋아하는 선수의 사인을 받았던 적이 있습니다. 따라서 저 역시 제 티셔츠와 같은 물건에다 사인을 받고 싶습니다. 만약 제가 그렇게 할 수 있게 된다면, 이는 제 인생에 있어 가장 잊지 못할 추억이 될 겁니다.

## 1 번째 문장 영작해 보기

**전 제가 가장 좋아하는 유명인을 우연히 만나게 된다면,
전 아마 그에게 사인을 해달라고 부탁할 겁니다.**

**힌트** 제가 ~하게 되면, 전 아마 ~할 겁니다. = **If I** <u>과거형 동사</u>, **I would** <u>동사</u>.
만나다 = **meet** ('meet'의 과거형 동사는 'met')
유명인 = **celebrity**, 우연히 = **unexpectedly**
A에게 B를 부탁하다 = **ask A for B**, 그의 사인 = **his autograph**

➡ If I met my favorite celebrity unexpectedly, I would ask him for his autograph.

## 2 번째 문장 영작해 보기

**제 친구 중 한 명은 자신의 야구공에
본인이 가장 좋아하는 선수의 사인을 받았던 적이 있습니다.**

**힌트** 나의 친구 중 한 명 = **one of my friends**
~에 A의 사인을 받다(받았다) = **get(got) an autograph of A on** <u>명사</u>
그가 가장 좋아하는 선수 = **his favorite player**
그의 야구공 = **his baseball**

➡ One of my friends got an autograph of his favorite player on his baseball.

## 3 번째 문장 영작해 보기

### 따라서 저 역시 제 티셔츠와 같은 물건에다 사인을 받고 싶습니다.

**힌트** 저 역시 ~하고 싶습니다. = **I also want to** 동사 .
~에 사인을 받다 = **get an autograph on** 명사
~와 같은 것(물건) = **something like** 명사
나의 티셔츠 = **my T-shirt**

➡ So I also want to get an autograph on something like my T-shirt.

## 4 번째 문장 영작해 보기

### 만약 제가 그렇게 할 수 있게 된다면, 이는 제 인생에 있어 가장 잊지 못할 추억이 될 겁니다.

**힌트** 만약 제가 ~할 수 있다면 = **if I could** 동사
그렇게 하다 = **do that**, 이는 ~이 될 겁니다. = **It would be** 명사 .
가장 잊지 못할 ~ = **the most unforgettable** 명사
추억 = **memory**, 나의 인생에 있어 = **in my life**

➡ If I could do that, it would be the most unforgettable memory in my life.

A

MP3 023

## 자, 이제 1분 동안 '영어'로 답해 볼까요?

① 도서 내 수록된 QR코드를 스캔한 후 '1분 영어 말하기 훈련 영상'이 재생되면,
② 원어민이 직접 녹음한 문장들을 한 문장씩 듣고 따라 말하는 연습을 하고,
③ 한 문장씩 말하는 연습을 끝낸 후엔, 1분짜리 영어 답변을 스스로 말해 봅니다.

**1** If I met my favorite celebrity unexpectedly, I would ask him for his autograph. **2** One of my friends got an autograph of his favorite player on his baseball. **3** So I also want to get an autograph on something like my T-shirt. **4** If I could do that, it would be the most unforgettable memory in my life.

### 오늘의 영어회화 필수표현 총정리

089 **I want to** __동사__. = 저는 ~하고 싶습니다.
090 **ask** __누구__ **for his(her) autograph** = ~에게 사인을 부탁하다
091 **get one's autograph on** __명사__ = ~에 그(그녀)의 사인을 받다
092 **the most unforgettable memory** = 가장 잊지 못할 추억

Lesson
024

# 내가 좋아하는 영화 장르

Q

## What kind of movies or music do you like?

당신은 어떤 종류의 영화나 음악을 좋아하나요?

**이런 내용으로 답해 보면 어떨까요?**

제가 가장 좋아하는 영화 장르는 코미디입니다. 제가 코미디를 좋아하는 이유는 바로 제가 웃긴 것들을 좋아하기 때문입니다. 저는 코미디 영화를 보고 있는 동안엔, 많이 웃으며 스트레스를 해소할 수 있습니다. 저는 주로 인터넷에서 영화를 다운로드 받아 이를 집에서 봅니다.

## 1 번째 문장 영작해 보기

### 제가 가장 좋아하는 영화 장르는 코미디입니다.

**힌트** 제가 가장 좋아하는 영화 장르는 ~입니다.
= **My favorite genre of movie is** 명사 .
영화엔 다양한 장르들이 존재하죠? 다양한 영화 장르를 영어로 어떻게 말할 수 있는지 아래의 예시를 통해 살펴봅시다.
코미디 = **comedy**, 로맨스 = **romance**, 공포= **horror**, 액션 = **action**
공상 과학 = **sci-fi(science fiction)**, 판타지 = **fantasy**

➡ My favorite genre of movie is comedy.

## 2 번째 문장 영작해 보기

### 제가 코미디를 좋아하는 이유는 바로 제가 웃긴 것들을 좋아하기 때문입니다.

**힌트** 제가 A를 좋아하는 이유는 바로 ~이기 때문입니다.
= **The reason I like A is that** 문장 .
저는 ~을 좋아합니다. = **I like** 명사 .
웃기는 것들, 익살스러운 것들 = **funny things**
('funny'는 '우스운, 웃기는, 익살스러운'이라는 뜻의 형용사입니다.)

➡ The reason I like comedy is that I like funny things.

3 번째 문장 영작해 보기

**저는 코미디 영화를 보고 있는 동안엔,**
**많이 웃으며 스트레스를 해소할 수 있습니다.**

힌트 제가 ~하는 동안엔 = **while I'm 동사-ing**
보다, 관람하다 = **watch**, 코미디 영화 = **comedy movie**
저는 ~할 수 있습니다. = **I can 동사**.
많이 웃다 = **laugh a lot**, 스트레스를 풀다(해소하다) = **release stress**

➡ While I'm watching comedy movies, I can laugh a lot and release stress.

번째 문장 영작해 보기

**저는 주로 인터넷에서 영화를 다운로드 받아**
**이를 집에서 봅니다.**

힌트 저는 주로 ~합니다. = **I usually 동사**.
A에서 B를 다운로드 받다 = **download A from B**
영화 = **movie**, 인터넷 = **Internet**
보다, 관람하다 = **watch**, 집에서 = **at home**

➡ I usually download movies from the Internet and watch them at home.

A

MP3 024

## 자, 이제 1분 동안 '영어'로 답해 볼까요?

① 도서 내 수록된 QR코드를 스캔한 후 '1분 영어 말하기 훈련 영상'이 재생되면,
② 원어민이 직접 녹음한 문장들을 한 문장씩 듣고 따라 말하는 연습을 하고,
③ 한 문장씩 말하는 연습을 끝낸 후엔, 1분짜리 영어 답변을 스스로 말해 봅니다.

**1** My favorite genre of movie is comedy. **2** The reason I like comedy is that I like funny things. **3** While I'm watching comedy movies, I can laugh a lot and release stress. **4** I usually download movies from the Internet and watch them at home.

### 오늘의 영어회화 필수표현 총정리

093 **My favorite** 명사 **is A**. = 제가 가장 좋아하는 ~은 A입니다.
(가장 좋아하는 영화/음악/음식 등을 말할 때 쓸 수 있는 표현입니다.)

094 **laugh a lot** = 많이 웃다

095 **release stress** = 스트레스를 풀다(해소하다)

096 **download A from the Internet** = 인터넷에서 A를 다운로드 받다

Lesson 025

# 내가 좋아하는 음악 장르

Q

## What kind of movies or music do you like?

당신은 어떤 종류의 영화나 음악을 좋아하나요?

**이런 내용으로 답해 보면 어떨까요?**

제가 좋아하는 음악 타입은 제 기분에 따라 결정됩니다. 전 기분이 저조하거나 우울할 땐 댄스 음악을 듣길 좋아합니다. 하지만 집이나 카페에서 느긋하게 쉴 땐 주로 발라드 음악을 듣습니다. 따라서 전 모든 종류의 음악을 좋아한다고 말할 수 있을 것 같습니다.

## 1 번째 문장 영작해 보기

### 제가 좋아하는 음악 타입은 제 기분에 따라 결정됩니다

**힌트** 음악 타입 = **the music type**
내가 좋아하는 음악 타입 = **the music type I like**
제가 좋아하는 음악 타입은 ~에 달려 있습니다(~에 따라 결정됩니다).
= **The music type I like depends on** ___명사___.
나의 기분 = **my mood**

➡ The music type I like depends on my mood.

## 2 번째 문장 영작해 보기

### 전 기분이 저조하거나 우울할 땐 댄스 음악을 듣길 좋아합니다.

**힌트** 저는 ~하길 좋아합니다. = **I like to** ___동사___.
~을 듣다 = **listen to** ___명사___, 댄스 음악 = **dance music**
내가 기분이 ~할 때 = **when I feel** ___형용사___
저조한 = **down**, 우울한 = **depressed**

➡ I like to listen to dance music when I feel down or depressed.

## 3 번째 문장 영작해 보기

### 하지만 집이나 카페에서 느긋하게 쉴 땐 주로 발라드 음악을 듣습니다.

**힌트** 저는 주로 ~합니다. = **I usually** 동사 .
~을 듣다 = **listen to** 명사 , 발라드 음악 = **ballad music**
내가 ~할 때 = **when I** 동사
휴식을 취하다, 느긋하게 쉬다 = **relax**
집에서 = **at home**, 카페에서 = **at a cafe**

➡ But I usually listen to ballad music when I relax at home or at a cafe.

## 번째 문장 영작해 보기

### 따라서 전 모든 종류의 음악을 좋아한다고 말할 수 있을 것 같습니다.

**힌트** 저는 ~라고 말할 수 있을 것 같습니다. = **I can say that** 문장 .
저는 ~을 좋아합니다. = **I like** 명사 .
모든 종류의 ~ = **all kinds of** 명사
음악 = **music**

➡ So I can say that I like all kinds of music.

A

MP3 025

## 자, 이제 1분 동안 '영어'로 답해 볼까요?

① 도서 내 수록된 QR코드를 스캔한 후 '1분 영어 말하기 훈련 영상'이 재생되면,
② 원어민이 직접 녹음한 문장들을 한 문장씩 듣고 따라 말하는 연습을 하고,
③ 한 문장씩 말하는 연습을 끝낸 후엔, 1분짜리 영어 답변을 스스로 말해 봅니다.

**1** The music type I like depends on my mood. **2** I like to listen to dance music when I feel down or depressed. **3** But I usually listen to ballad music when I relax at home or at a cafe. **4** So I can say that I like all kinds of music.

### 오늘의 영어회화 필수표현 총정리

**097** **A depend(s) on** 명사 . = A는 ~에 달려 있습니다.
('depend on 명사'는 ~에 따라 결정됩니다'로도 해석됩니다.)

**098** **listen to ____ music** = ~(라는) 음악을 듣다

**099** **when I feel down/depressed** = 내가 기분이 저조/우울할 때

**100** **when I relax at** 장소 = 내가 ~에서 느긋하게 쉴 때

Lesson 026

# 내가 즐겨 먹는 음식

## Q

**What is your favorite food? Why is it your favorite?**

당신이 가장 좋아하는 음식은 뭔가요?
왜 이걸 가장 좋아하나요?

**이런 내용으로 답해 보면 어떨까요?**

제가 가장 좋아하는 음식은 프라이드 치킨입니다. 제가 이것(치킨)을 좋아하는 이유는 바로 너무나 맛있으면서 맥주와도 잘 어울리기 때문입니다. 저는 보통 집에서 이것(치킨)을 먹고, 혹은 가끔씩 직장 동료들과 식당에서 먹기도 합니다. 하지만 최근엔, 전 살을 빼야 해서 이것(치킨)을 너무 많이 먹지 않으려고 노력 중입니다.

## 1 번째 문장 영작해 보기

**제가 좋아하는 음식은**
**프라이드 치킨입니다.**

힌트 제가 가장 좋아하는 음식은 ~입니다. = **My favorite food is** 명사 .
프라이드 치킨 = **fried chicken**
가장 좋아하는 음식을 말할 때, 아래의 표현 역시 쓸 수 있습니다.
전 ~을 정말 좋아합니다. = **I really love** 명사 .

➡ My favorite food is fried chicken.

## 2 번째 문장 영작해 보기

**제가 이것(치킨)을 좋아하는 이유는 바로**
**너무나 맛있으면서 맥주와도 잘 어울리기 때문입니다.**

힌트 제가 A를 좋아하는 이유를 바로 ~이기 때문입니다.
= **The reason I like A is that** 문장 .
이것은 너무나 ~합니다. = **It is so** 형용사 .
이것은 ~와 잘 어울립니다. = **It goes well with** 명사 .
맛있는 = **delicious**, 맥주 = **beer**

➡ The reason I like it is that it is so delicious and goes well with beers.

## 3 번째 문장 영작해 보기

**저는 보통 집에서 이것(치킨)을 먹고,**
**혹은 가끔씩 직장 동료들과 식당에서 먹기도 합니다.**

**힌트** 저는 주로(보통) A에서 ~을 먹습니다. = **I usually eat __명사__ at A.**
A에서, 혹은 가끔씩 B에서 = **at A or sometimes at B**
집 = **home**, 식당 = **restaurant**
~와 함께 = **with __명사__**, 나의 직장 동료 = **my colleague**

➡ I usually eat it at home, or sometimes at a restaurant with my colleagues.

## 4 번째 문장 영작해 보기

**하지만 최근엔, 전 살을 빼야 해서**
**이것(치킨)을 너무 많이 먹지 않으려고 노력 중입니다.**

**힌트** 최근에, 오늘날 = **these days**
저는 ~하지 않으려고 노력 중입니다. = **I'm trying not to __동사__.**
~을 너무 많이 먹다 = **eat __명사__ too much**
저는 ~해야 합니다. = **I have to __동사__.** 살을 빼다 = **lose weight**

➡ But these days, I'm trying not to eat it too much because I have to lose weight.

MP3 026

## 자, 이제 1분 동안 '영어'로 답해 볼까요?

① 도서 내 수록된 QR코드를 스캔한 후 '1분 영어 말하기 훈련 영상'이 재생되면,
② 원어민이 직접 녹음한 문장들을 한 문장씩 듣고 따라 말하는 연습을 하고,
③ 한 문장씩 말하는 연습을 끝낸 후엔, 1분짜리 영어 답변을 스스로 말해 봅니다.

**1** My favorite food is fried chicken. **2** The reason I like it is that it is so delicious and goes well with beers. **3** I usually eat it at home, or sometimes at a restaurant with my colleagues. **4** But these days, I'm trying not to eat it too much because I have to lose weight.

### 오늘의 영어회화 필수표현 총정리

101 **go well with** 명사 = ~와 잘 어울리다
102 **I'm trying not to** 동사. = 전 ~하지 않으려고 노력 중입니다.
103 **eat** 명사 **too much** = ~을 너무 많이 먹다
104 **lose weight** = 살을 빼다, 체중을 감량하다

Lesson 027

# 내가 즐겨 하는 게임

Q

**Do you like playing video games? And what is your favorite game?**

당신은 비디오 게임 하는 걸 좋아하나요?
가장 좋아하는 게임이 뭔가요?

**이런 내용으로 답해 보면 어떨까요?**

네, 저는 비디오 게임 하는 걸 좋아하고 제가 가장 좋아하는 게임은 '마인크래프트'입니다. 이것(이 게임)은 어드벤처 게임이고, 전 이걸 작년에 하기 시작했습니다. 제가 이것(이 게임)을 좋아하는 이유는 바로 가상 공간에 저만의 세계를 만들 수 있기 때문입니다. 이 게임에서 저는 집이나 심지어 도시까지 지을 수 있고, 저는 정말 이걸(이를 하는 걸) 즐깁니다.

## 1 번째 문장 영작해 보기

**네, 저는 비디오 게임 하는 걸 좋아하고**
**제가 가장 좋아하는 게임은 '마인크래프트'입니다.**

힌트 저는 ~하는 걸 좋아합니다. = **I like** __동사-ing__.
(비디오) 게임을 하다 = **play (video) games**
('play'는 '게임, 운동, 연주' 등을 한다고 할 때 쓸 수 있는 동사입니다.)
제가 가장 좋아하는 게임은 ~입니다. = **My favorite game is** __명사__.

➡ Yes, I like playing video games and my favorite game is 'Minecraft'.

## 2 번째 문장 영작해 보기

**이것(이 게임)은 어드벤처 게임이고,**
**전 이걸 작년에 하기 시작했습니다.**

힌트 이것은 ~(라는) 게임입니다. = **It is a(an)** ______ **game**.
전 ~하기 시작했습니다. = **I started to** __동사__.
~(게임, 운동, 연주 등)을 하다 = **play** __명사__
작년에 = **last year**

➡ It is an adventure game and I started to play it last year.

3 번째 문장 영작해 보기

**제가 이것(이 게임)을 좋아하는 이유는**
**바로 가상 공간에 저만의 세계를 만들 수 있기 때문입니다.**

**힌트** 제가 A를 좋아하는 이유는 바로 ~이기 때문입니다.
= **The reason I like A is that** 문장 .
저는 ~할 수 있습니다. = **I can** 동사 ., 창조하다 = **create**
나만의 세계 = **my own world**, 가상 공간에 = **in cyberspace**

➡ The reason I like it is that I can create my own world in cyberspace.

번째 문장 영작해 보기

**이 게임에서 저는 집이나 심지어 도시까지 지을 수 있고,**
**저는 정말 이걸(이를 하는 걸) 즐깁니다.**

**힌트** 저는 ~할 수 있습니다. = **I can** 동사 .
건립하다(짓다) = **build**, 집 = **house**, 도시 = **city**
A나 심지어 B까지도 = **A or even B**, 이 게임에서 = **in this game**
저는 (정말) ~을 즐깁니다. = **I (really) enjoy** 명사 .

➡ I can build houses or even cities in this game and I really enjoy it.

MP3 027

# 자, 이제 1분 동안 '영어'로 답해 볼까요?

① 도서 내 수록된 QR코드를 스캔한 후 '1분 영어 말하기 훈련 영상'이 재생되면,
② 원어민이 직접 녹음한 문장들을 한 문장씩 듣고 따라 말하는 연습을 하고,
③ 한 문장씩 말하는 연습을 끝낸 후엔, 1분짜리 영어 답변을 스스로 말해 봅니다.

**1** Yes, I like playing video games and my favorite game is 'Minecraft'. **2** It is an adventure game and I started to play it last year. **3** The reason I like it is that I can create my own world in cyberspace. **4** I can build houses or even cities in this game and I really enjoy it.

### 오늘의 영어회화 필수표현 총정리

**105** **play (video) games** = (비디오) 게임을 하다
**106** **I can** 동사 . = 저는 ~할 수 있습니다.
**107** **create** 명사 **in cyberspace** = 가상 공간에 ~을 만들다(창조하다)
**108** **I (really) enjoy** 명사 . = 저는 ~을 (정말) 즐깁니다.

Lesson

# 028 내가 좋아하는 스포츠

## Q What is your favorite sport to play or watch?

당신이 가장 하기 좋아하거나 보기 좋아하는 스포츠는 무엇인가요?

**이런 내용으로 답해 보면 어떨까요?**

제가 가장 좋아하는 스포츠는 야구입니다. 그런데 저는 야구를 그리 잘하지 못해서, 그저 TV로 경기를 관람하는 걸 좋아합니다. 제가 가장 좋아하는 야구 선수에 대해 말하자면, 저는 '추신수'를 가장 좋아합니다. 그는 정말 재능이 많은 선수이고, 저는 그가 항상 게임에 이기기 위해 최선을 다한다는 점이 좋습니다.

## 1 번째 문장 영작해 보기

**제가 가장 좋아하는 스포츠는 야구입니다.**

힌트 제가 가장 좋아하는 스포츠는 ~입니다. = **My favorite sport is** 명사 .
야구 = **baseball**
'야구' 외의 다른 대중적인 스포츠 종목들은 영어로 아래와 같이 말합니다.
농구 = **basketball**, 축구 = **soccer**, 배구 = **volleyball**
볼링 = **bowling**, 당구 = **billiards**, 수영 = **swimming**

➡ My favorite sport is baseball.

## 2 번째 문장 영작해 보기

**그런데 저는 야구를 그리 잘하지 못해서, 그저 TV로 경기를 관람하는 걸 좋아합니다.**

힌트 저는 그저 ~하는 걸 좋아합니다. = **I just like to** 동사 .
경기를 보다(관람하다) = **watch games**, TV로 = **on TV**
저는 ~하는 걸 그리 잘하지 못합니다. = **I'm not that good at** 동사-ing .
야구를 하다 = **play baseball**

➡ But I just like to watch games on TV, because I'm not that good at playing baseball.

## 3 번째 문장 영작해 보기

**제가 가장 좋아하는 야구 선수에 대해 말하자면,**
**저는 '추신수'를 가장 좋아합니다.**

힌트 ~에 대해 말하자면 = **to talk about** 명사
내가 가장 좋아하는 ~ = **My favorite** 명사
야구 선수 = **baseball player**
저는 ~을 가장 좋아합니다. = **I like** 명사 **best**.

➡ To talk about my favorite baseball player, I like 'Shinsoo Choo' best.

## 4 번째 문장 영작해 보기

**그는 정말 재능이 많은 선수이고, 저는 그가**
**항상 게임에 이기기 위해 최선을 다한다는 점이 좋습니다.**

힌트 그는 ~한 선수입니다. = **He is a(an)** 형용사 **player**.
재능이 많은 = **gifted**, 저는 ~라는 점이 좋습니다. = **I like that** 문장 .
그는 ~하기 위해 최선을 다합니다. = **He tries his best to** 동사 .
게임에 이기다 = **win the game**

➡ He is a very gifted player, and I like that he always tries his best to win the game.

MP3 028

## 자, 이제 1분 동안 '영어'로 답해 볼까요?

① 도서 내 수록된 QR코드를 스캔한 후 '1분 영어 말하기 훈련 영상'이 재생되면,
② 원어민이 직접 녹음한 문장들을 한 문장씩 듣고 따라 말하는 연습을 하고,
③ 한 문장씩 말하는 연습을 끝낸 후엔, 1분짜리 영어 답변을 스스로 말해 봅니다.

**1** My favorite sport is baseball. **2** But I just like to watch games on TV, because I'm not that good at playing baseball. **3** To talk about my favorite baseball player, I like 'Shinsoo Choo' best. **4** He is a very gifted player, and I like that he always tries his best to win the game.

### 오늘의 영어회화 필수표현 총정리

**109** **I just like to** 동사 . = 저는 단지 ~하는 걸 좋아합니다.
**110** **I like** 명사 **best**. = 저는 ~을 가장 좋아합니다.
**111** **He(She) is a(an)** 형용사 **player**. = 그(그녀)는 ~한 선수입니다.
**112** **try one's best to** 동사 = ~하기 위해 최선을 다하다

Lesson
029

# 나의 단골 쇼핑 장소

Q

**Where do you usually go shopping? And how often do you go shopping?**

당신은 주로 어디로 쇼핑을 가나요?
그리고 얼마나 자주 쇼핑을 가나요?

**이런 내용으로 답해 보면 어떨까요?**

저는 이마트로 쇼핑하러 가는 걸 좋아하고, 주로 일주일에 한 번 쇼핑하러 갑니다. 제가 이마트를 좋아하는 이유는 바로 이곳엔 제가 필요로 하는 거의 모든 게 있기 때문입니다. 또한, 물건 가격이 다른 상점에 있는 물건 가격보다 훨씬 더 저렴합니다. 따라서 저는 그곳(이마트)에서 매우 합리적인 가격에 좋은 품질의 물건을 구매할 수 있습니다.

## 1 번째 문장 영작해 보기

**저는 이마트로 쇼핑하러 가는 걸 좋아하고,**
**주로 일주일에 한 번 쇼핑하러 갑니다.**

힌트 저는 ~하는 걸 좋아합니다. = **I like to** 동사 .
~로 쇼핑하러 가다 = **go shopping at** 명사 , 이마트 = **E-mart store**
저는 주로 ~합니다. = **I usually** 동사 .
쇼핑하러 가다 = **go shopping**, 일주일에 한 번 = **once a week**

➡ I like to go shopping at E-mart stores and I usually go shopping once a week.

## 2 번째 문장 영작해 보기

**제가 이마트를 좋아하는 이유는 바로**
**이곳엔 제가 필요로 하는 거의 모든 게 있기 때문입니다.**

힌트 제가 A를 좋아하는 이유는 바로 ~이기 때문입니다.
= **The reason I like A is that** 문장 .
이들(이마트)은 ~가 있습니다. = **They have** 명사 .
내가 ~하는 거의 모든 것 = **everything that I** 동사 , 필요하다 = **need**

➡ The reason I like E-mart stores is that they have almost everything that I need.

## 3 번째 문장 영작해 보기

### 또한, 물건 가격이 다른 상점에 있는 물건 가격보다 훨씬 더 저렴합니다.

힌트 A의 가격이 ~합니다. = **The prices of A are** 형용사 .
상품(물건) = **product**, 훨씬 더 낮은(저렴한) = **much lower**
~에 있는 이들(의 가격)보다 = **than they are in** 명사
다른 상점 = **other store**

➡ Also, the prices of the products are much lower than they are in other stores.

## 번째 문장 영작해 보기

### 따라서 저는 그곳(이마트)에서 매우 합리적인 가격에 좋은 품질의 물건을 구매할 수 있습니다.

힌트 저는 그곳에서 ~할 수 있습니다. = **I can** 동사 **there**.
사다(구매하다) = **buy**, 좋은 품질의 = **good quality**, 상품(물건) = **product**
매우 ~한 가격에 = **at very** 형용사 **prices**
합리적인, 타당한 = **reasonable**

➡ So I can buy good quality products at very reasonable prices there.

MP3 029

## 자, 이제 1분 동안 '영어'로 답해 볼까요?

① 도서 내 수록된 QR코드를 스캔한 후 '1분 영어 말하기 훈련 영상'이 재생되면,
② 원어민이 직접 녹음한 문장들을 한 문장씩 듣고 따라 말하는 연습을 하고,
③ 한 문장씩 말하는 연습을 끝낸 후엔, 1분짜리 영어 답변을 스스로 말해 봅니다.

**1** I like to go shopping at E-mart stores and I usually go shopping once a week. **2** The reason I like E-mart stores is that they have almost everything that I need. **3** Also, the prices of the products are much lower than they are in other stores. **4** So I can buy good quality products at very reasonable prices there.

### 오늘의 영어회화 필수표현 총정리

113 **go shopping at** 명사 = ~로 쇼핑하러 가다
114 **once / twice / three times a week** = 일주일에 한 번 / 두 번 / 세 번
115 **The prices of products are** 형용사. = 물건 가격들이 ~합니다.
116 **buy** 명사 **at a reasonable price** = 합리적인 가격에 ~을 구매하다

Lesson 030

# 내가 선호하는 계절

## Q What is your favorite season in your country?

당신 나라에서 당신이 가장 좋아하는 계절은 무엇인가요?

**이런 내용으로 답해 보면 어떨까요?**

제가 가장 좋아하는 계절은 바로 겨울이라고 할 수 있습니다. 제가 겨울을 좋아하는 이유는 바로 이 계절이 가진 분위기를 좋아하기 때문입니다. 저는 눈 오는 날을 좋아하고, 또한 크리스마스 시즌의 분위기를 좋아합니다. 그리고 저는 스키와 같은 겨울 스포츠를 많이 즐겨 하기 때문에, 그래서 겨울을 굉장히 좋아합니다.

## 1 번째 문장 영작해 보기

**제가 가장 좋아하는 계절은 바로
겨울이라고 할 수 있습니다.**

힌트 바로 ~라고 할 수 있습니다. = **I can say that** 문장 .
제가 가장 좋아하는 계절은 ~입니다. = **My favorite season is** 명사 .
겨울 = **winter**
겨울 외에 다른 계절들은 영어로 아래와 같이 말합니다.
봄 = **spring**, 여름 = **summer**, 가을 = **fall**, **autumn**

➡ I can say that my favorite season is winter.

## 2 번째 문장 영작해 보기

**제가 겨울을 좋아하는 이유는 바로
이 계절이 가진 분위기를 좋아하기 때문입니다.**

힌트 제가 A를 좋아하는 이유는 바로 ~이기 때문입니다.
= **The reason I like A is that** 문장 .
저는 ~을 좋아합니다. = **I like** 명사 .
~의 분위기 = **the atmosphere of** 명사 , 이 계절 = **this season**

➡ The reason I like winter is that I like the atmosphere of this season.

## 3 번째 문장 영작해 보기

**저는 눈 오는 날을 좋아하고,**
**또한 크리스마스 시즌의 분위기를 좋아합니다.**

**힌트** 저는 A를 좋아하고, 또한 B를 좋아합니다. = **I like A, and I also like B**.
눈 내리는 날, 눈 오는 날 = **snowy day**
~의 분위기 = **the mood of** 명사
크리스마스 시즌 = **the Christmas season**

➡ I like snowy days, and I also like the mood of the Christmas season.

## 번째 문장 영작해 보기

**그리고 저는 스키와 같은 겨울 스포츠를 많이 즐겨 하기 때문에,**
**그래서 겨울을 굉장히 좋아합니다.**

**힌트** 저는 ~을 많이 즐깁니다(즐겨 합니다). = **I enjoy** 명사 **a lot**.
~와 같은 겨울 스포츠 = **winter sports like** 명사
스키 = **skiing** (그냥 'ski'라고 하면 '스키 장비, 스키를 타다'라는 뜻이 됩니다.)
저는 ~을 굉장히 좋아합니다. = **I really love** 명사 .

➡ And I enjoy winter sports like skiing a lot, so I really love winter.

MP3 030

## 자, 이제 1분 동안 '영어'로 답해 볼까요?

① 도서 내 수록된 QR코드를 스캔한 후 '1분 영어 말하기 훈련 영상'이 재생되면,
② 원어민이 직접 녹음한 문장들을 한 문장씩 듣고 따라 말하는 연습을 하고,
③ 한 문장씩 말하는 연습을 끝낸 후엔, 1분짜리 영어 답변을 스스로 말해 봅니다.

**1** I can say that my favorite season is winter. **2** The reason I like winter is that I like the atmosphere of this season. **3** I like snowy days, and I also like the mood of the Christmas season. **4** And I enjoy winter sports like skiing a lot, so I really love winter.

### 오늘의 영어회화 필수표현 총정리

**117** **The reason I like A it that** 문장 . = 제가 A를 좋아하는 이유는 ~입니다.

**118** **I like the atmosphere(mood) of** 명사 .
= 저는 ~의 분위기를 좋아합니다.

**119** **I enjoy** 명사 **a lot**. = 저는 ~을 많이 즐깁니다(즐겨 합니다).

**120** **I really love** 명사 . = 저는 ~을 굉장히 좋아합니다.

# Chapter 5

# 나의 직장 생활에 대해 영어로 말하기

ompany's Growth
85%

Lesson

# 031 내가 회사를 고르는 기준

## Q What is the most important factor when you choose a company to work for?

당신이 일할 회사를 택할 때
가장 중요한 요소는 무엇인가요?

**이런 내용으로 답해 보면 어떨까요?**

저는 회사를 택할 때 좋은 직장 동료들을 갖는 것이 가장 중요한 요소라고 생각합니다. 제가 좋은 직장 동료들과 함께 일할 수 있게 된다면, 저는 더 열심히 일하도록 동기 부여가 될 것입니다. 하지만 그럴 수 없을 경우, 저는 불편함을 느끼게 될 것이고 이는 낮은 생산성으로 연결될 것입니다. 따라서 저는 회사가 제가 좋은 직장 동료들과 일할 수 있는 장소라는 점이 중요하다고 생각합니다.

## 1 번째 문장 영작해 보기

**저는 회사를 택할 때 좋은 직장 동료들을 갖는 것이 가장 중요한 요소라고 생각합니다.**

**힌트** 저는 ~라고 생각합니다. = **I think** __문장__.
제가 ~할 때 ~하는 것이 가장 중요한 요소입니다.
= __동사-ing__ **is the most important factor when I** __동사__.
좋은 직장 동료들을 갖다 = **have good coworkers**, 택하다 = **choose**

➡ I think having good coworkers is the most important factor when I choose a company.

## 2 번째 문장 영작해 보기

**제가 좋은 직장 동료들과 함께 일할 수 있게 된다면, 저는 더 열심히 일하도록 동기 부여가 될 것입니다.**

**힌트** 제가 ~와 함께 일할 수 있게 된다면 = **if I can work with** __명사__
저는 ~하게 될 것입니다. = **I will** __동사__.
~하도록 동기 부여가 되다 = **be motivated to** __동사__
더 열심히 일하다 = **work harder**

➡ If I can work with nice coworkers, I will be motivated to work harder.

### 3 번째 문장 영작해 보기

**하지만 그럴 수 없을 경우, 저는 불편함을 느끼게 될 것이고 이는 낮은 생산성으로 연결될 것입니다.**

**힌트** 제가 그럴 수 없을 경우, 저는 ~할 것입니다. = **If I can't, I will** __동사__.
불편함을 느끼다 = **feel uncomfortable**
이는 ~로 연결될 것입니다. = **It will lead to** __명사__.
낮은 = **low**, 생산성 = **productivity**

➡ But if I can't, I will feel uncomfortable and it will lead to low productivity.

### 번째 문장 영작해 보기

**따라서 저는 회사가 제가 좋은 직장 동료들과 일할 수 있는 장소라는 점이 중요하다고 생각합니다.**

**힌트** 저는 ~라고 생각합니다. = **I think** __문장__.
~라는 점은 중요합니다. = **It is important that** __문장__.
회사가 내가 ~할 수 있는 장소이다.
= **The company is the place where I can** __동사__.

➡ So I think it is important that the company is the place I can work with good coworkers.

A

🎧 MP3 031

## 자, 이제 1분 동안 '영어'로 답해 볼까요?

① 도서 내 수록된 QR코드를 스캔한 후 '1분 영어 말하기 훈련 영상'이 재생되면,
② 원어민이 직접 녹음한 문장들을 한 문장씩 듣고 따라 말하는 연습을 하고,
③ 한 문장씩 말하는 연습을 끝낸 후엔, 1분짜리 영어 답변을 스스로 말해 봅니다.

1 I think having good coworkers is the most important factor when I choose a company. 2 If I can work with nice coworkers, I will be motivated to work harder. 3 But if I can't, I will feel uncomfortable and it will lead to low productivity. 4 So I think it is important that the company is the place I can work with good coworkers.

### 오늘의 영어회화 필수표현 총정리

121 **have good coworkers** = 좋은 직장 동료들을 갖다
122 **be motivated to** 동사 = ~하도록 동기 부여가 되다
123 **lead to low productivity** = 낮은 생산성으로 연결되다
124 **It is important that** 문장 . = ~라는 점은 중요합니다.

Lesson

# 032 나의 하루 평균 근무 시간

## Q How many hours do you usually work a day?

당신은 보통 하루에 몇 시간을 근무하나요?

**이런 내용으로 답해 보면 어떨까요?**

저는 보통 하루 약 8시간 정도 근무합니다. 저는 9시까지 사무실에 도착해야 하고, 그리고 보통 6시엔 일을 끝마칩니다. 하지만 저는 야근을 많이 하기 때문에, 8시간 이상 근무할 때가 많습니다. 그리고 12시부터 1시까지, 저는 직장 동료들과 점심을 먹고 짧은 낮잠을 잡니다.

## 1 번째 문장 영작해 보기

### 저는 보통 하루 약 8시간 정도 근무합니다.

**힌트** 저는 주로(보통) ~합니다. = **I usually** 동사 .
~시간 근무하다 = **work for** 시간 **hour(s)**
하루에 ~시간 근무하다 = **work for** 시간 **hour(s) a day**
하루에 약 ~시간 정도 근무하다 = **work for about** 시간 **hour(s) a day**

➡ I usually work for about eight hours a day.

## 2 번째 문장 영작해 보기

### 저는 9시까지 사무실에 도착해야 하고, 그리고 보통 6시엔 일을 끝마칩니다.

**힌트** 저는 ~해야 합니다. = **I need to** 동사 .
~에 ~시까지 도착(당도)하다 = **get to** 장소 **by** 시간
나의 사무실 = **my office**
저는 주로(보통) ~합니다. = **I usually** 동사 .
A를 ~시에 끝내다 = **finish A at** 시간 , 나의 일 = **my work**

➡ I need to get to my office by nine, and I usually finish my work at six.

## 3 번째 문장 영작해 보기

**하지만 저는 야근을 많이 하기 때문에,
8시간 이상 근무할 때가 많습니다.**

**힌트** 저는 자주 ~합니다(저는 ~할 때가 많습니다). = **I often** __동사__.
~시간 이상 일하다(근무하다) = **work for more than** __시간__ **hour(s)**
저는 많이 ~합니다. = **I** __동사__ **a lot**.
야근을 하다 = **work overtime**

➡ But I often work for more than eight hours, because I work overtime a lot.

## 번째 문장 영작해 보기

**그리고 12시부터 1시까지,
저는 직장 동료들과 점심을 먹고 짧은 낮잠을 잡니다.**

**힌트** ~시부터 ~시까지 = **from** __시간 1__ **to** __시간 2__
~와 점심을 먹다 = **have lunch with** __명사__
나의 직장 동료 = **my colleague**
(짧은) 낮잠을 자다 = **take a (short) nap**

➡ And from twelve to one, I have lunch with my colleagues and take a short nap.

A

MP3 032

## 자, 이제 1분 동안 '영어'로 답해 볼까요?

① 도서 내 수록된 QR코드를 스캔한 후 '1분 영어 말하기 훈련 영상'이 재생되면,
② 원어민이 직접 녹음한 문장들을 한 문장씩 듣고 따라 말하는 연습을 하고,
③ 한 문장씩 말하는 연습을 끝낸 후엔, 1분짜리 영어 답변을 스스로 말해 봅니다.

**1** I usually work for about eight hours a day. **2** I need to get to my office by nine, and I usually finish my work at six. **3** But I often work for more than eight hours, because I work overtime a lot. **4** And from twelve to one, I have lunch with my colleagues and take a short nap.

**오늘의 영어회화 필수표현 총정리**

125 **work for (about) __시간__ hour(s) a day** = 하루에 (약) ~시간 일하다
126 **get to one's office by __시간__** = ~시까지 ~의 사무실에 도착하다
127 **finish one's work at __시간__** = ~시에 ~의 일을 끝마치다
128 **work overtime** = 야근을 하다

Lesson 033

# 내가 회사에서 회의를 할 때

Q

## What do you usually prepare for a meeting?

당신은 주로 회의를 위해 무엇을 준비하나요?

### 이런 내용으로 답해 보면 어떨까요?

저는 회의를 하기 전 몇 가지 사항들을 준비해야만 합니다. 우선, 제가 주최자일 경우, 저는 참석자들에게 회의 일정을 공지해야 합니다. 그리고 저는 회의에 필요한 서류들을 준비하는 걸 잊지 말아야 합니다. 제가 발표를 진행해야 할 경우, 저는 PPT와 같은 자료들 또한 준비해야 합니다.

## 1 번째 문장 영작해 보기

**저는 회의를 하기 전**
**몇 가지 사항들을 준비해야만 합니다.**

**힌트** 저는 ~해야 합니다. = **I have to** ___동사___.
준비하다 = **prepare**, 몇 가지 것(사항)들 = **several things**
내가 ~하기 전 = **before I** ___동사___
회의를 하다 = **have a meeting**

➡ I have to prepare several things before I have a meeting.

## 2 번째 문장 영작해 보기

**우선, 제가 주최자일 경우,**
**저는 참석자들에게 회의 일정을 공지해야 합니다.**

**힌트** 제가 ~일 경우 = **if I'm** ___명사___
저는 ~해야 합니다. = **I should** ___동사___.
주최자, 진행자 = **host**, A에게 B를 공지하다 = **inform A of B**
참석자 = **attendee**, 회의 일정 = **meeting schedule**

➡ First, if I'm the host, I should inform the attendees of the meeting schedule.

## 3 번째 문장 영작해 보기

**그리고 저는 회의에 필요한 서류들을 준비하는 걸 잊지 말아야 합니다.**

힌트 저는 ~하지 말아야 합니다. = **I shouldn't** __동사__.
~하는 것을 잊다 = **forget to** __동사__
준비하다 = **prepare**, 필요한 = **necessary**, 서류 = **document**
~에 필요한 = **for** __명사__, 회의 = **meeting**

➡ And I shouldn't forget to prepare necessary documents for the meeting.

## 4 번째 문장 영작해 보기

**제가 발표를 진행해야 할 경우, 저는 PPT와 같은 자료들 또한 준비해야 합니다.**

힌트 제가 ~해야 할 경우 = **if I need to** __동사__
발표를 하다(진행하다) = **give a presentation**
저는 또한 ~해야 합니다. = **I also have to** __동사__.
준비하다 = **prepare**, 자료 = **material**, ~와 같은 = **like** __명사__

➡ If I need to give a presentation, I also have to prepare some materials like PPT.

A

MP3 033

## 자, 이제 1분 동안 '영어'로 답해 볼까요?

① 도서 내 수록된 QR코드를 스캔한 후 '1분 영어 말하기 훈련 영상'이 재생되면,
② 원어민이 직접 녹음한 문장들을 한 문장씩 듣고 따라 말하는 연습을 하고,
③ 한 문장씩 말하는 연습을 끝낸 후엔, 1분짜리 영어 답변을 스스로 말해 봅니다.

**1** I have to prepare several things before I have a meeting. **2** First, if I'm the host, I should inform the attendees of the meeting schedule. **3** And I shouldn't forget to prepare necessary documents for the meeting. **4** If I need to give a presentation, I also have to prepare some materials like PPT.

### 오늘의 영어회화 필수표현 총정리

129 **have a meeting** = 회의를 하다
130 **inform A of B** = A에게 B를 공지하다
131 **prepare necessary** 명사 **for A** = A에 필요한 ~을 준비하다
132 **give a presentation** = 발표를 하다(진행하다)

Lesson

# 034 내가 직장 동료들과 뭉칠 때

Q

## How do you get along with your coworkers?

당신은 당신의 직장 동료들과 어떻게 어울리나요?

**이런 내용으로 답해 보면 어떨까요?**

저는 보통 일주일에 한 번 제 직장 동료들과 함께 술을 마십니다. 우리가 일을 일찍 마치고 퇴근할 때면, 전 이들(동료들)에게 술을 한 잔 하러 가자고 청합니다. 우린 보통 사무실 근처에 있는 술집에 가서 맛있는 음식과 술을 먹고 마시며 이야기를 나눕니다. 그리고 우리는 정기 회식과 모임 또한 꼬박꼬박 갖습니다.

## 1 번째 문장 영작해 보기

**저는 보통 일주일에 한 번**
**제 직장 동료들과 함께 술을 마십니다.**

**힌트** 저는 주로(보통) ~합니다. = **I usually** 동사 .
~와 함께 술을 마시다 = **have drinks with** 명사
나의 직장 동료 = **my coworker**
일주일에 한 번 = **once a week** (두 번 = **twice**, 세 번 = **three times**)

➡ I usually have drinks with my coworkers once a week.

## 2 번째 문장 영작해 보기

**우리가 일을 일찍 마치고 퇴근할 때면,**
**전 이들(동료들)에게 술을 한 잔 하러 가자고 청합니다.**

**힌트** 우리가 ~할 때면 = **when we** 동사
일을 (일찍) 마치다 = **finish work (early)**
사무실을 일찍 나서다(일찍 퇴근하다) = **leave the office early**
저는 A에게 ~하자고 청합니다. = **I ask A to** 동사 .
술 마시러 가다, 술 한 잔 하러 가다 = **go for a drink**

➡ When we finish work and leave the office early, I ask them to go for a drink.

## 3 번째 문장 영작해 보기

**우린 보통 사무실 근처에 있는 술집에 가서 맛있는 음식과 술을 먹고 마시며 이야기를 나눕니다.**

**힌트** 우린 주로(보통) ~합니다. = **We usually** 동사 .
~ 근처에 있는 술집에 가다 = **go to the bar near** 명사
사무실 = **office**, 이야기를 나누다 = **have a talk**
맛있는 음식과 술과 함께(먹고 마시며) = **with nice food and drinks**

➡ We usually go to the bar near the office and have a talk with nice food and drinks.

## 4 번째 문장 영작해 보기

**그리고 우리는 정기 회식과 모임 또한 꼬박꼬박 갖습니다.**

**힌트** 우리는 또한 ~합니다. = **We also** 동사 .
(정기) 회식을 갖다 = **have (regular) company dinners**
(정기) 모임을 갖다 = **have (regular) gatherings**
꼬박꼬박, 정기적으로 = **regularly**

➡ And we also have regular company dinners and gatherings regularly.

MP3 034

## 자, 이제 1분 동안 '영어'로 답해 볼까요?

① 도서 내 수록된 QR코드를 스캔한 후 '1분 영어 말하기 훈련 영상'이 재생되면,
② 원어민이 직접 녹음한 문장들을 한 문장씩 듣고 따라 말하는 연습을 하고,
③ 한 문장씩 말하는 연습을 끝낸 후엔, 1분짜리 영어 답변을 스스로 말해 봅니다.

**1** I usually have drinks with my coworkers once a week. **2** When we finish work and leave the office early, I ask them to go for a drink. **3** We usually go to the bar near the office and have a talk with nice food and drinks. **4** And we also have regular company dinners and gatherings regularly.

### 오늘의 영어회화 필수표현 총정리

133 **go for a drink** = 술 마시러 가다, 술 한 잔 하러 가다
134 **ask A to** 동사 = A에게 ~하자고 청하다
135 **have a talk with** 음식 = ~을 먹고 마시며 이야기를 나누다
136 **have company dinners / gatherings** = 회식 / 모임을 갖다

Lesson

035

# 직장 동료와의 문제 해결법 '인정 & 사과'

Q

**If you have some troubles with your colleagues, how would you solve them?**

당신이 직장 동료들과 문제가 있을 경우,
이를 어떻게 해결할 건가요?

**이런 내용으로 답해 보면 어떨까요?**

제가 직장 동료들과 문제가 있을 경우, 저는 제 잘못부터 먼저 시인하고 이에 대해 사과할 것입니다. 제 생각에 양 당사자간의 문제는 결코 한쪽에 의해서만 야기되는 것이 아닙니다. 따라서 제가 먼저 제 실수에 대해 사과하면, 이들 또한 똑같이 사과할 것입니다. 우리 모두 서로의 잘못을 인정하고 나면, 전 우리가 함께 좋은 해결책을 찾을 수 있을 거라 확신합니다.

## 1 번째 문장 영작해 보기

**제가 직장 동료들과 문제가 있을 경우,**
**저는 제 잘못부터 먼저 시인하고 이에 대해 사과할 것입니다.**

힌트 제가 A와 ~가 있을 경우 = **if I have** 명사 **with A**
문제 = **trouble**, **problem**, 나의 직장 동료 = **my colleague**
저는 (아마도) ~할 것입니다. = **I would** 동사 . 인정(시인)하다 = **admit**
나의 잘못 = **my faults**, ~에 대해 사과하다 = **apologize for** 명사

➡ If I have troubles with my colleagues, I would admit my faults first and apologize for them.

## 2 번째 문장 영작해 보기

**제 생각에 양 당사자간의 문제는**
**결코 한쪽에 의해서만 야기되는 것이 아닙니다.**

힌트 제 생각에 ~입니다. = **I think** 문장 .
A는 B에 의해 야기되지 않습니다. = **A is(are) not caused by B**.
양 당사자간의 ~ = 명사 **between two sides**
문제 = **trouble**, **problem**, 한쪽 = **one side**

➡ I think the problems between the two sides are not only just caused by one side.

## 3 번째 문장 영작해 보기

**따라서 제가 먼저 제 실수에 대해 사과하면,**
**이들 또한 똑같이 사과할 것입니다.**

힌트 제가 먼저 ~하면 = **if I** ___동사___ **first**
~에 대해 사과하다 = **apologize for** ___명사___, 나의 실수 = **my mistake**
이들 또한 (아마도) ~할 것입니다. = **They would also** ___동사___.
똑같은 것을 하다(문맥상 '똑같이 사과하다'라는 뜻) = **do the same**

➡ So if I apologize for my mistakes first, they would also do the same.

## 4 번째 문장 영작해 보기

**우리 모두 서로의 잘못을 인정하고 나면,**
**전 우리가 함께 좋은 해결책을 찾을 수 있을 거라 확신합니다.**

힌트 우리 모두 ~하고 나면 = **after we both** ___동사___
인정(시인)하다 = **admit**, 서로의 잘못 = **each other's faults**
전 우리가 ~할 수 있을 거라 확신합니다. = **I'm sure we could** ___동사___.
~을 함께 찾다 = **find** ___명사___ **together**, 좋은 해결책 = **good solution**

➡ After we both admit each other's faults, I'm sure we could find good solutions together.

MP3 035

## 자, 이제 1분 동안 '영어'로 답해 볼까요?

① 도서 내 수록된 QR코드를 스캔한 후 '1분 영어 말하기 훈련 영상'이 재생되면,
② 원어민이 직접 녹음한 문장들을 한 문장씩 듣고 따라 말하는 연습을 하고,
③ 한 문장씩 말하는 연습을 끝낸 후엔, 1분짜리 영어 답변을 스스로 말해 봅니다.

**1** If I have troubles with my colleagues, I would admit my faults first and apologize for them. **2** I think the problems between the two sides are not only just caused by one side. **3** So if I apologize for my mistakes first, they would also do the same. **4** After we both admit each other's faults, I'm sure we could find good solutions together.

### 오늘의 영어회화 필수표현 총정리

137 **have troubles with 명사** = ~와 문제가 있다
138 **admit one's faults** = ~의 잘못을 인정(시인)하다
139 **apologize for 명사** = ~에 대해 사과를 하다
140 **find good solutions together** = 함께 좋은 해결책을 찾다

Lesson

036

# 직장 동료와의 문제 해결법, '대화 & 소통'

Q

**If you have some troubles with your colleagues, how would you solve them?**

당신이 직장 동료들과 문제가 있을 경우,
이를 어떻게 해결할 건가요?

**이런 내용으로 답해 보면 어떨까요?**

제가 직장 동료들과 문제가 있을 경우, 저는 이들과 진솔한 대화를 나눌 것입니다. 우리가 어떠한 문제점을 갖고 있는지 정확히 모른다면 우린 좋은 해결책을 찾을 수 없습니다. 따라서 우리는 무엇이 문제점을 야기했는지 파악할 수 있도록 열린 대화를 나누어야 합니다. 그렇게 우리가 대화를 끝마치고 난 후엔, 전 우리가 함께 좋은 해결책을 찾을 수 있을 거라 확신합니다.

## 1 번째 문장 영작해 보기

**제가 직장 동료들과 문제가 있을 경우,**
**저는 이들과 진솔한 대화를 나눌 것입니다.**

**힌트** 만약 제가 A와 ~가 있을 경우 = **if I have** 명사 **with A**
문제 = **trouble**, **problem**, 나의 직장 동료 = **my colleague**
저는 (아마도) ~할 것입니다. = **I would** 동사 .
대화를 나누다 = **have a conversation**, 진솔한 대화 = **honest conversation**

➡ If I have troubles with my colleagues, I would have an honest conversation with them.

## 2 번째 문장 영작해 보기

**우리가 어떠한 문제점을 갖고 있는지 정확히 모른다면**
**우린 좋은 해결책을 찾을 수 없습니다.**

**힌트** 우리는 ~할 수 없습니다. = **We can't** 동사 .
찾다 = **find**, 좋은 해결책 = **good solution**
우리가 ~을 정확히 모른다면 = **if we don't know exactly** 명사
우리가 어떠한 ~을 갖고 있는지 = **what** 명사 **we have**

➡ We can't find good solutions if we don't know exactly what problems we have.

## 3 번째 문장 영작해 보기

**따라서 우리는 무엇이 문제점을 야기했는지 파악할 수 있도록 열린 대화를 나누어야 합니다.**

**힌트** 우리는 ~할 수 있도록 ~해야 합니다. = **We should** __동사__ **to** __동사__.
(열린) 대화를 나누다 = **have (open) communication**
알다(깨닫다) = **recognize**
무엇이 ~을 야기했는지 = **what caused** __명사__, 문제 = **problem**

---

---

➡ So we should have open communication to recognize what caused the problems.

## 4 번째 문장 영작해 보기

**그렇게 우리가 대화를 끝마치고 난 후엔, 전 우리가 함께 좋은 해결책을 찾을 수 있을 거라 확신합니다.**

**힌트** 우리가 ~하고 난 후엔 = **after we** __동사__
끝마치다 = **finish**, 대화 = **conversation**
저는 우리가 ~할 수 있을 거라 확신합니다. = **I'm sure we could** __동사__.
~을 함께 찾다 = **find** __명사__ **together**, 좋은 해결책 = **good solution**

---

---

➡ And after we finish the conversation, I'm sure we could find good solutions together.

MP3 036

## 자, 이제 1분 동안 '영어'로 답해 볼까요?

① 도서 내 수록된 QR코드를 스캔한 후 '1분 영어 말하기 훈련 영상'이 재생되면,
② 원어민이 직접 녹음한 문장들을 한 문장씩 듣고 따라 말하는 연습을 하고,
③ 한 문장씩 말하는 연습을 끝낸 후엔, 1분짜리 영어 답변을 스스로 말해 봅니다.

**1** If I have troubles with my colleagues, I would have an honest conversation with them. **2** We can't find good solutions if we don't know exactly what problems we have. **3** So we should have open communication to recognize what caused the problems. **4** And after we finish the conversation, I'm sure we could find good solutions together.

**오늘의 영어회화 필수표현 총정리**

**141** **have an honest conversation** = 진솔한 대화를 하다
**142** **know exactly** __명사__ = ~을 정확히 알다
**143** **have open communication** = 열린 대화(소통)를 하다
**144** **recognize what caused** __명사__ = 무엇이 ~을 야기했는지 파악하다

Lesson

037

# 나의 시간 관리 방법, '꼼꼼한 계획'

Q

**Can you tell me how you manage your time at work?**

일할 때 본인의 시간을 어떻게 관리하는지 제게 말씀해 주실 수 있나요?

**이런 내용으로 답해 보면 어떨까요?**

제 시간을 효율적으로 관리하고자, 저는 항상 명확한 계획에 따라 일하려 노력합니다. 우선, 저는 월간, 주간, 혹은 일일 계획과 같은 구체적인 계획을 세웁니다. 그리고 저는 명확한 계획을 세우고 난 후엔, 이 같은 계획에 따라 제 업무를 시작합니다. 또한, 저는 항상 제가 수월하게 따라갈 수 있는 현실적인 계획을 세우기 위해 노력합니다.

## 1 번째 문장 영작해 보기

**제 시간을 효율적으로 관리하고자,**
**저는 항상 명확한 계획에 따라 일하려 노력합니다.**

힌트 ~하고자, 저는 항상 ~합니다. = **To** ＿동사＿, **I always** ＿동사＿.
나의 시간을 관리하다 = **manage my time**
효율적으로 = **effectively**, ~하려 노력하다 = **try to** ＿동사＿
~한 계획에 따라 일하다 = **work with** ＿형용사＿ **plans**, 명확한 = **precise**

➡ To manage my time effectively, I always try to work with precise plans.

## 2 번째 문장 영작해 보기

**우선, 저는 월간, 주간, 혹은 일일 계획과 같은**
**구체적인 계획을 세웁니다.**

힌트 우선, 저는 ~합니다. = **First I** ＿동사＿.
~한 계획을 세우다 = **make** ＿형용사＿ **plans**, 구체적인 = **detailed**
A, B, 혹은 C와 같은 = **such as A, B, or C**
월간 / 주간 / 일일 계획 = **monthly / weekly / daily plan**

➡ First I make detailed plans such as a monthly, weekly, or daily plan.

## 3 번째 문장 영작해 보기

**그리고 저는 명확한 계획을 세우고 난 후엔,
이 같은 계획에 따라 제 업무를 시작합니다.**

힌트 저는 ~하고 난 후엔, ~을 시작합니다. = **After I** ___동사___ , **I start** ___명사___ .
~한 계획을 세우다 = **make** ___형용사___ **plans**
명확한(분명한) = **clear**, 나의 업무 = **my work**
~에 따라 = **according to** ___명사___

➡ And after I make clear plans, I start my work according to those plans.

## 4 번째 문장 영작해 보기

**또한, 저는 항상 제가 수월하게 따라갈 수 있는
현실적인 계획을 세우기 위해 노력합니다.**

힌트 저는 항상 ~하기 위해 노력합니다. = **I always try to** ___동사___ .
~한 계획을 세우다 = **make** ___형용사___ **plans**, 현실적인 = **realistic**
내가 ~할 수 있는 계획들 = **plans that I can** ___동사___
수월하게 따라가다 = **follow easily**

➡ Also, I always try to make realistic plans that I can follow easily.

MP3 037

## 자, 이제 1분 동안 '영어'로 답해 볼까요?

① 도서 내 수록된 QR코드를 스캔한 후 '1분 영어 말하기 훈련 영상'이 재생되면,
② 원어민이 직접 녹음한 문장들을 한 문장씩 듣고 따라 말하는 연습을 하고,
③ 한 문장씩 말하는 연습을 끝낸 후엔, 1분짜리 영어 답변을 스스로 말해 봅니다.

**1** To manage my time effectively, I always try to work with precise plans. **2** First I make detailed plans such as a monthly, weekly, or daily plan. **3** And after I make clear plans, I start my work according to those plans. **4** Also, I always try to make realistic plans that I can follow easily.

### 오늘의 영어회화 필수표현 총정리

145 **manage** 명사 **effectively** = ~을 효율적으로 관리하다
146 **I always try to** 동사. = 전 항상 ~하기 위해 노력합니다.
147 **make detailed/realistic plans** = 구체적인/현실적인 계획을 세우다
148 **according to** 형용사 **plans** = ~한 계획에 따라

Lesson 038

# 나의 시간 관리 방법, '아침형 인간 되기'

Q

## Can you tell me how you manage your time at work?

일할 때 본인의 시간을 어떻게 관리하는지 제게 말씀해 주실 수 있나요?

**이런 내용으로 답해 보면 어떨까요?**

제 시간을 효율적으로 관리하고자, 저는 항상 아침형 인간이 되려 노력합니다. 제가 일찍 자게 되면, 저는 아주 깨끗하고 맑은 정신으로 일찍 일어날 수 있습니다. 그럼 저는 일일 계획을 세우거나 뭔가 생산적인 것을 하며 아침을 보낼 수 있습니다. 이것은 업무 생산성을 향상시키고, 따라서 저는 제가 예상했던 대로 제 시간에 일을 끝낼 수 있습니다.

# 1 번째 문장 영작해 보기

**제 시간을 효율적으로 관리하고자,**
**저는 항상 아침형 인간이 되려 노력합니다.**

힌트 ~하고자, 저는 항상 ~합니다. = **To** 동사 , **I always** 동사 .
나의 시간을 관리하다 = **manage my time**
효율적으로 = **effectively**, ~가 되려 노력하다 = **try to be** 명사
아침형 인간 = **morning person**

➡ To manage my time effectively, I always try to be a morning person.

# 2 번째 문장 영작해 보기

**제가 일찍 자게 되면, 저는 아주 깨끗하고 맑은 정신으로**
**일찍 일어날 수 있습니다.**

힌트 제가 ~하게 되면, 저는 ~할 수 있습니다. = **If I** 동사 , **I can** 동사 .
일찍 자다 = **sleep early**, 일찍 일어나다 = **wake up early**
아주 ~한 정신으로 = **with a very** 형용사 **mind**
깨끗한 = **clear**, 상쾌한, 맑은 = **fresh**

➡ If I sleep early, I can wake up early with a very clear and fresh mind.

## 3 번째 문장 영작해 보기

**그럼 저는 일일 계획을 세우거나 뭔가 생산적인 것을 하며 아침을 보낼 수 있습니다.**

**힌트** 저는 ~할 수 있습니다. = **I can** __동사__.
~하며 나의 아침을 보내다 = **spend my morning** __동사-ing__
일일 계획을 세우다 = **make a daily plan**
뭔가 ~한 것을 하다 = **do something** __형용사__, 생산적인 = **productive**

➡ Then I can spend my morning making a daily plan or doing something productive.

## 4 번째 문장 영작해 보기

**이것은 업무 생산성을 향상시키고, 따라서 저는 제가 예상했던 대로 제 시간에 일을 끝낼 수 있습니다.**

**힌트** 이것은 ~을 향상시킵니다. = **It improves** __명사__.
나의 업무 생산성 = **my work productivity**
저는 제 시간에 ~할 수 있습니다. = **I can** __동사__ **on time**.
끝내다 = **finish**, 나의 일 = **my work**, 내가 예상했던 대로 = **as I expected**

➡ It improves my work productivity, so I can finish my work on time as I expected.

A

MP3 038

## 자, 이제 1분 동안 '영어'로 답해 볼까요?

① 도서 내 수록된 QR코드를 스캔한 후 '1분 영어 말하기 훈련 영상'이 재생되면,
② 원어민이 직접 녹음한 문장들을 한 문장씩 듣고 따라 말하는 연습을 하고,
③ 한 문장씩 말하는 연습을 끝낸 후엔, 1분짜리 영어 답변을 스스로 말해 봅니다.

**1** To manage my time effectively, I always try to be a morning person. **2** If I sleep early, I can wake up early with a very clear and fresh mind. **3** Then I can spend my morning making a daily plan or doing something productive. **4** It improves my work productivity, so I can finish my work on time as I expected.

**오늘의 영어회화 필수표현 총정리**

149 **morning person** = 아침형 인간
150 **spend one's morning __동사-ing__** = ~하면서 아침을 보내다
151 **do something productive** = 뭔가 생산적인 것을 하다
152 **finish __명사__ on time** = ~을 제 시간에 끝내다

Lesson 039

# 나의 스트레스 극복 방법 '긍정적 사고'

Q

## How do you work under pressure?

당신은 스트레스를 받는 상황에서 어떻게 일을 하나요?

### 이런 내용으로 답해 보면 어떨까요?

스트레스를 극복하기 위해, 저는 긍정적으로 생각하려 노력합니다. 제가 스트레스를 제 자신을 발전시킬 기회로 생각하게 되면, 저는 제 일을 즐길 수 있습니다. 극복해야 할 어려움이 존재하지 않는다면 그 어떤 것도 발전될 수 없습니다. 따라서 저는 '긍정적 사고'가 스트레스를 다루는 가장 좋은 방법이라고 생각합니다.

## 1 번째 문장 영작해 보기

**스트레스를 극복하기 위해,**
**저는 긍정적으로 생각하려 노력합니다.**

힌트 ~하기 위해, 저는 ~합니다. = **To** 동사 , **I** 동사 .
극복하다 = **overcome**, 압박감(스트레스) = **pressure**
~하려 노력하다 = **try to** 동사
긍정적으로 생각하다 = **think positively**

➡ To overcome the pressure, I try to think positively.

## 2 번째 문장 영작해 보기

**제가 스트레스를 제 자신을 발전시킬 기회로 생각하게 되면,**
**저는 제 일을 즐길 수 있습니다.**

힌트 제가 ~하게 되면, 저는 ~할 수 있습니다. = **If I** 동사 , **I can** 동사 .
A를 B로서 생각하다 = **think of A as B**
압박감(스트레스) = **pressure**, ~할 기회 = **chance to** 동사
나 자신을 발전시키다 = **improve myself**
즐기다 = **enjoy**, 나의 일 = **my work**

➡ If I think of the pressure as a chance to improve myself,
I can enjoy my work.

## 3 번째 문장 영작해 보기

**극복해야 할 어려움이 존재하지 않는다면 그 어떤 것도 발전될 수 없습니다.**

힌트 그 어떤 것도 ~할 수 없습니다. = **Nothing can** _동사_.
발전되다 = **be improved**
만약 ~이 존재하지 않는다면 = **if there is(are) no** _명사_
~해야 할 어려움 = **difficulties to** _동사_, 극복하다 = **overcome**

➡ Nothing can be improved if there are no difficulties to overcome.

## 번째 문장 영작해 보기

**따라서 저는 '긍정적 사고'가 스트레스를 다루는 가장 좋은 방법이라고 생각합니다.**

힌트 저는 ~라고 생각합니다. = **I think** _문장_.
~하는 것이 ~하는 가장 좋은 방법입니다.
= _동사-ing_ **is the best way to** _동사_.
긍정적으로 사고하다 = **think positively**, ~을 다루다 = **deal with** _명사_

➡ So I think 'Thinking Positively' is the best way to deal with the pressure.

MP3 039

## 자, 이제 1분 동안 '영어'로 답해 볼까요?

① 도서 내 수록된 QR코드를 스캔한 후 '1분 영어 말하기 훈련 영상'이 재생되면,
② 원어민이 직접 녹음한 문장들을 한 문장씩 듣고 따라 말하는 연습을 하고,
③ 한 문장씩 말하는 연습을 끝낸 후엔, 1분짜리 영어 답변을 스스로 말해 봅니다.

**1** To overcome the pressure, I try to think positively. **2** If I think of the pressure as a chance to improve myself, I can enjoy my work. **3** Nothing can be improved if there are no difficulties to overcome. **4** So I think 'Thinking Positively' is the best way to deal with the pressure.

### 오늘의 영어회화 필수표현 총정리

153 **think positively** = 긍정적으로 생각하다
154 **think A as a chance to 동사** = A를 ~할 기회로 생각하다
155 **difficulties to overcome** = 극복해야 할 어려움
156 **A is the best way to 동사.** = A가 ~하는 가장 좋은 방법입니다.

Lesson

# 040

# 나의 스트레스 극복 방법 '소통 & 공유'

Q

**How do you work under pressure?**

당신은 스트레스를 받는 상황에서 어떻게 일을 하나요?

**이런 내용으로 답해 보면 어떨까요?**

스트레스를 극복하기 위해, 저는 제 직장 동료들, 그리고 상사와 소통하고자 노력합니다. 예를 들어, 저는 제 직장 동료들로부터 문제 해결 방법에 대한 조언을 구할 수 있습니다. 아니면 저는 제 상사에게 제 업무 일정을 조정해주거나 마감 기한을 연장해 달라고 부탁할 수도 있습니다. 따라서 저는 '소통'이 제가 스트레스 아래에서 더 나은 방법으로 일할 수 있도록 해준다고 생각합니다.

## 1 번째 문장 영작해 보기

**스트레스를 극복하기 위해,**
**저는 제 직장 동료들, 그리고 상사와 소통하고자 노력합니다.**

힌트 ~하기 위해, 저는 ~하고자 노력합니다. = **To** 동사 , **I try to** 동사 .
극복하다 = **overcome**, 압박감(스트레스) = **pressure**
~와 소통(대화)하다 = **communicate with** 명사
나의 직장 동료 = **my colleague**, 나의 상사 = **my boss**

➡ To overcome the pressure, I try to communicate with my colleagues and my boss.

## 2 번째 문장 영작해 보기

**예를 들어, 저는 제 직장 동료들로부터**
**문제 해결 방법에 대한 조언을 구할 수 있습니다.**

힌트 예를 들어, 저는 ~할 수 있습니다. = **For example, I can** 동사 .
~로부터 조언을 구하다 = **get advice from** 명사
~하는 방법에 대한 조언 = **advice on how to** 동사
나의 직장 동료 = **my colleague**, 해결하다 = **solve**, 문제 = **problem**

➡ For example, I can get advice on how to solve the problems from my colleagues.

## 3 번째 문장 영작해 보기

**아니면 저는 제 상사에게 업무 일정을 조정해주거나 마감 기한을 연장해 달라고 부탁할 수도 있습니다.**

**힌트** 아니면 저는 ~할 수도 있습니다. = **Or I can** _동사_.
A에게 ~해 달라고 부탁하다 = **ask A to** _동사_, 나의 상사 = **my boss**
조정하다 = **adjust**, 나의 업무 일정 = **my work schedule**
연장하다 = **extend**, 마감 기한 = **deadline**

➡ Or I can ask my boss to adjust my work schedule or extend the deadline.

## 4 번째 문장 영작해 보기

**따라서 저는 '소통'이 제가 스트레스 아래에서 더 나은 방법으로 일할 수 있도록 해준다고 생각합니다.**

**힌트** 저는 ~라고 생각합니다. = **I think** _문장_., 소통(대화) = **communication**
A가 제가 ~할 수 있도록 해줍니다. = **A help(s) me** _동사_.
일하다 = **work**, 더 나은 방법으로 = **in a better way**
압박감(스트레스) 아래에서 = **under pressure**

➡ So I think 'Communication' helps me work in a better way under pressure.

A

MP3 040

## 자, 이제 1분 동안 '영어'로 답해 볼까요?

① 도서 내 수록된 QR코드를 스캔한 후 '1분 영어 말하기 훈련 영상'이 재생되면,
② 원어민이 직접 녹음한 문장들을 한 문장씩 듣고 따라 말하는 연습을 하고,
③ 한 문장씩 말하는 연습을 끝낸 후엔, 1분짜리 영어 답변을 스스로 말해 봅니다.

**1** To overcome the pressure, I try to communicate with my colleagues and my boss. **2** For example, I can get advice on how to solve the problems from my colleagues. **3** Or I can ask my boss to adjust my work schedule or extend the deadline. **4** So I think 'Communication' helps me work in a better way under pressure.

### 오늘의 영어회화 필수표현 총정리

157 **communicate with** 명사 = ~와 대화(소통)하다
158 **get advice on how to** 동사 = ~하는 방법에 대한 조언을 구하다
159 **adjust one's work schedule** = ~의 업무 일정을 조정하다
160 **extend the deadline** = 마감 기한을 연장하다

Lesson 041

# 내 분야에서 내가 이루고픈 것

Q

**I'd like to know what you want to achieve at your company.**

당신이 회사에서 이루고자 하는 것이 무엇인지 알았으면 합니다.

**이런 내용으로 답해 보면 어떨까요?**

제가 회사에서 이루고자 하는 것은 바로 제 분야에서 최고가 되는 것입니다. 저는 대학에서 엔지니어링을 공부했고, 저는 항상 자동차 산업 분야에서 일하길 원했습니다. 현재 저는 제 일을 매우 즐기고 있으며, 또한 저는 제 분야에 있어 스스로를 전문가라 자부합니다. 따라서 저는 제 분야에 있어 최고가 되고자 스스로를 발전시키기 위해 열심히 노력하는 걸 멈추지 않을 겁니다.

## 1 번째 문장 영작해 보기

**제가 회사에서 이루고자 하는 것은 바로 제 분야에서 최고가 되는 것입니다.**

제가 ~하고자 하는 것은 ~하는 것입니다.
= **What I want to** 동사 **is to** 동사 .
이루다(달성하다) = **achieve**, 나의 회사에서 = **at my company**
최고가 되다 = **become the best**, 나의 분야에서 = **in my field**

➡ What I want to achieve at my company is to become the best in my field.

## 번째 문장 영작해 보기

**저는 대학에서 엔지니어링을 공부했고, 저는 항상 자동차 산업 분야에서 일하길 원했습니다.**

힌트
저는 대학에서 ~을 공부했습니다. = **I studied** 명사 **at my college**.
엔지니어링(공학 기술) = **engineering**
저는 항상 ~하길 원했습니다. = **I always wanted to** 동사 .
~에서 일하다 = **work in** 명사 , 자동차 산업 분야 = **car industry**

➡ I studied engineering at my college, and I always wanted to work in the car industry.

## 3 번째 문장 영작해 보기

**현재 저는 제 일을 매우 즐기고 있으며,**
**또한 저는 제 분야에 있어 스스로를 전문가라 자부합니다.**

**힌트** 현재 저는 ~을 매우 즐기고 있습니다. = **Now I'm enjoying** 명사 .
저는 제 스스로가 ~라 자부합니다. = **I'm confident that I'm a(an)** 명사 .
나의 일 = **my work**, 전문가 = **expert**
나의 분야에 있어 = **in my field**

➡ Now I'm really enjoying my work, and I'm confident that I'm an expert in my field.

## 4 번째 문장 영작해 보기

**따라서 저는 제 분야에 있어 최고가 되고자 제 스스로를**
**발전시키기 위해 열심히 노력하는 걸 멈추지 않을 겁니다.**

**힌트** 저는 ~하는 걸 멈추지 않을 겁니다. = **I won't stop** 동사-ing .
~가 되고자 ~하기 위해 열심히 노력하다 = **try hard to** 동사 **to be** 명사
내 스스로를 발전시키다 = **improve myself**
최고 = **the best**, 나의 분야에 있어 = **in my field**

➡ So I won't stop trying hard to improve myself to be the best in my field.

MP3 041

## 자, 이제 1분 동안 '영어'로 답해 볼까요?

① 도서 내 수록된 QR코드를 스캔한 후 '1분 영어 말하기 훈련 영상'이 재생되면,
② 원어민이 직접 녹음한 문장들을 한 문장씩 듣고 따라 말하는 연습을 하고,
③ 한 문장씩 말하는 연습을 끝낸 후엔, 1분짜리 영어 답변을 스스로 말해 봅니다.

1 What I want to achieve at my company is to become the best in my field. 2 I studied engineering at my college, and I always wanted to work in the car industry. 3 Now I'm really enjoying my work, and I'm confident that I'm an expert in my field. 4 So I won't stop trying hard to improve myself to be the best in my field.

### 오늘의 영어회화 필수표현 총정리

161 **become the best in one's field** = ~의 분야에 있어 최고가 되다
162 **I'm confident that** 문장 . = 저는 ~라는 것을 자부합니다.
163 **I won't stop** 동사-ing . = 전 ~하는 것을 멈추지 않을 겁니다.
164 **try hard to** 동사 = ~하기 위해 열심히 노력하다

Lesson 042

# 나의 은퇴 후 계획, '전원 생활'

Q

## What would you do after you retire?

당신은 은퇴 후 무엇을 할 건가요?

**이런 내용으로 답해 보면 어떨까요?**

은퇴 후에, 저는 평화로운 교외 지역에서 살고 싶습니다. 제 생각에 저는 아마도 은퇴할 때 즈음 대도시에서 바쁜 삶을 사는 것에 매우 지쳐 있을 겁니다. 따라서 저는 평화로운 곳에 저만의 집을 짓고 제 남은 삶을 그곳에서 살고 싶습니다. 이 같은 꿈을 이루기 위해, 저는 제가 꼼꼼한 재정 계획을 세워야 한다고 생각합니다.

## 1번째 문장 영작해 보기

**은퇴 후에,**
**저는 평화로운 교외 지역에서 살고 싶습니다.**

**힌트** 제가 ~한 후에 = **after I** 동사
저는 ~하고 싶습니다. = **I want to** 동사 .
은퇴하다 = **retire**, ~에서 살다(거주하다) = **live in** 장소
평화로운 = **peaceful**, 교외 지역 = **suburban area**

➡ After I retire, I want to live in a peaceful suburban area.

## 2번째 문장 영작해 보기

**제 생각에 저는 아마도 은퇴할 때 즈음**
**대도시에서 바쁜 삶을 사는 것에 매우 지쳐 있을 겁니다.**

**힌트** 제 생각에 저는 아마도 ~해져 있을 겁니다. = **I think I might be** 형용사 .
~하는 것에 지친(싫증이 난) = **tired of** 동사-ing
바쁜 삶을 살다 = **live a busy life**, 대도시에서 = **in a big city**
내가 ~할 때 즈음 = **at the time I** 동사 , 은퇴하다 = **retire**

➡ I think I might be very tired of living a busy life in a big city at the time I retire.

## 3 번째 문장 영작해 보기

**따라서 저는 평화로운 곳에 저만의 집을 짓고 제 남은 삶을 그곳에서 살고 싶습니다.**

**힌트** 저는 ~하고 싶습니다. = **I want to** <u>동사</u>., 짓다, 건립하다 = **build**
나만의 집 = **my own house**, 평화로운 곳에 = **in a peaceful place**
그곳에서 ~(인 삶)을 살다 = **live** <u>명사</u> **there**
내 남은 삶 = **the rest of my life**

➡ So I want to build my own house in a peaceful place and live the rest of my life there.

## 번째 문장 영작해 보기

**이 같은 꿈을 이루기 위해, 저는 제가 꼼꼼한 재정 계획을 세워야 한다고 생각합니다.**

**힌트** ~을 실현하기(이루기) 위해 = **to make** <u>명사</u> **come true**
이 같은 꿈 = **this dream**, 저는 ~라고 생각합니다. = **I think** <u>문장</u>.
저는 ~해야 합니다. = **I have to** <u>동사</u>.
재정 계획을 세우다 = **make a financial plan**, 꼼꼼한 = **precise**

➡ To make this dream come true, I think I have to make a precise financial plan.

# A

MP3 042

## 자, 이제 1분 동안 '영어'로 답해 볼까요?

① 도서 내 수록된 QR코드를 스캔한 후 '1분 영어 말하기 훈련 영상'이 재생되면,
② 원어민이 직접 녹음한 문장들을 한 문장씩 듣고 따라 말하는 연습을 하고,
③ 한 문장씩 말하는 연습을 끝낸 후엔, 1분짜리 영어 답변을 스스로 말해 봅니다.

**1** After I retire, I want to live in a peaceful suburban area. **2** I think I might be very tired of living a busy life in a big city at the time I retire. **3** So I want to build my own house in a peaceful place and live the rest of my life there. **4** To make this dream come true, I think I have to make a precise financial plan.

### 오늘의 영어회화 필수표현 총정리

**165** **live in a suburban area** = 교외 지역에서 살다(거주하다)
**166** **tired of 동사-ing** = ~하는 것에 지친(싫증이 난)
**167** **live a busy life in a big city** = 대도시에서 바쁜 삶을 살다
**168** **live the rest of my life in 장소** = ~에서 내 남은 삶을 살다

Lesson

# 043 나의 은퇴 후 계획, '새로운 도전'

Q

**What would you do after you retire?**

당신은 은퇴 후 무엇을 할 건가요?

**이런 내용으로 답해 보면 어떨까요?**

은퇴 후에, 저는 제가 전에 해보지 않았던 뭔가 다른 걸 해보고 싶습니다. 저는 항상 일하느라 바쁘기 때문에 제가 시도해 보지 못한 것들이 정말 많습니다. 저는 커피에 정말 관심이 많고, 저는 항상 커피 만드는 법을 배우고 싶어해왔습니다. 그래서 저는 은퇴 후에, 바리스타가 되기 위해서 공부를 하고 저만의 카페를 운영하고 싶습니다.

## 1 번째 문장 영작해 보기

**은퇴 후에, 저는 제가 전에 해보지 않았던 뭔가 다른 걸 해보고 싶습니다.**

힌트 제가 ~한 후에 = **after I** 동사 , 은퇴하다 = **retire**
저는 ~하고 싶습니다. = **I want to** 동사 ., 하다 = **do**
뭔가 ~한 것 = **something** 형용사 , 다른 = **different**
내가 전에 해보지 않았던 A = **A that I haven't done before**

➡ After I retire, I want to do something different that I haven't done before.

## 2 번째 문장 영작해 보기

**저는 항상 일하느라 바쁘기 때문에 제가 시도해 보지 못한 것들이 정말 많습니다.**

힌트 ~이 정말 많습니다. = **There are so many** 복수 명사 .
내가 ~해보지 못한 것들 = **things that I haven't** 과거분사형 동사
시도하다 = **try** ('try'의 과거분사형 동사는 'tried'), 일하다 = **work**
전 항상 ~하느라 바쁩니다. = **I'm always busy** 동사-ing ., 일하다 = **work**

➡ There are so many things that I haven't tried, because I'm always busy working.

## 3 번째 문장 영작해 보기

**저는 커피에 정말 관심이 많고,**
**저는 항상 커피 만드는 법을 배우고 싶어해왔습니다.**

힌트 저는 ~에 정말 관심이 많습니다. = **I'm very interested in** 명사 .
저는 항상 ~하고 싶어해왔습니다. = **I've always wanted to** 동사 .
배우다 = **learn**, ~하는 법 = **how to** 동사
커피를 만들다 = **make coffee**

➡ I'm very interested in coffee, and I've always wanted to learn how to make coffee.

## 번째 문장 영작해 보기

**그래서 저는 은퇴 후에, 바리스타가 되기 위해서 공부를 하고**
**저만의 카페를 운영하고 싶습니다.**

힌트 저는 ~하기 위해 ~하고 싶습니다. = **I want to** 동사 **to** 동사 .
공부하다 = **study**, ~가 되다 = **become** 명사
바리스타(커피를 만드는 사람) = **barista**
운영하다 = **run**, 나만의 카페 = **my own cafe**

➡ So after I retire, I want to study to become a barista and run my own cafe.

MP3 043

## 자, 이제 1분 동안 '영어'로 답해 볼까요?

① 도서 내 수록된 QR코드를 스캔한 후 '1분 영어 말하기 훈련 영상'이 재생되면,
② 원어민이 직접 녹음한 문장들을 한 문장씩 듣고 따라 말하는 연습을 하고,
③ 한 문장씩 말하는 연습을 끝낸 후엔, 1분짜리 영어 답변을 스스로 말해 봅니다.

**1** After I retire, I want to do something different that I haven't done before. **2** There are so many things that I haven't tried, because I'm always busy working. **3** I'm very interested in coffee, and I've always wanted to learn how to make coffee. **4** So after I retire, I want to study to become a barista and run my own cafe.

**오늘의 영어회화 필수표현 총정리**

169 **do/try something different** = 뭔가 다른 것을 하다/시도하다
170 **I'm very interested in** ___명사___. = 저는 ~에 정말 관심이 많습니다.
171 **I've always wanted to** ___동사___. = 저는 항상 ~하고 싶어해왔습니다.
172 **run one's own** ___명사___ = 자신만의 ~을 운영하다

# Chapter 6

# 나의 경험 & 추억에 대해 영어로 말하기

**Lesson 044** 내 삶의 행복했던 기억, '어린 시절'

**Lesson 045** 내 삶의 행복했던 기억, '첫 월급'

**Lesson 046** 내가 과거에 저지른 실수 & 실패

**Lesson 047** 내가 업무상 겪었던 문제, '빡빡한 일정'

**Lesson 048** 내가 업무상 겪었던 문제, '잘 안 맞는 사람'

**Lesson 049** 나의 해외 여행 경험

**Lesson 050** 내게 인상 깊었던 여행

Lesson 044

# 내 삶의 행복했던 기억, '어린 시절'

Q

**Tell me about the happiest moment in your life.**

당신의 삶에서 가장 행복했던 순간을 제게 말해 보세요.

**이런 내용으로 답해 보면 어떨까요?**

저는 제 가장 행복했던 순간이 제가 고등학교에 다녔던 때라고 생각합니다. 그 당시엔, 취업이나 돈을 버는 것과 같은 걱정거리들이 하나도 없었습니다. 그리고 저는 아직 학생일 뿐이었기 때문에 실수를 저지르는 것 또한 허락되곤 했습니다. 따라서, 저는 가끔 제가 고등학생 시절로 돌아갈 수 있다면 좋을 것 같다는 생각을 하곤 합니다.

## 1 번째 문장 영작해 보기

**저는 제 가장 행복했던 순간이**
**제가 고등학교에 다녔던 때라고 생각합니다.**

힌트 저는 ~라고 생각합니다. = **I think** 문장 .
제 가장 행복했던 순간은 제가 ~했을(였을) 때입니다.
= **My happiest moment is when I** 과거형 동사 .
고등학교에 다니다 = **be in high school** ('be'의 과거형 동사는 'was/were')

➡ I think my happiest moment is when I was in high school.

## 2 번째 문장 영작해 보기

**그 당시엔, 취업이나 돈을 버는 것과 같은**
**걱정거리들이 하나도 없었습니다.**

힌트 그 당시엔 = **at that time**
~할 것이 하나도 없었습니다. = **There was nothing to** 동사 .
(~에 대해) 걱정하다 = **worry (about)**, ~와 같은 = **like** 명사
취업(직장을 구하는 것) = **getting a job**, 돈을 버는 것 = **making money**

➡ At that time, there was nothing to worry about like getting a job or making money.

## 3 번째 문장 영작해 보기

**그리고 저는 아직 학생일 뿐이었기 때문에 실수를 저지르는 것 또한 허락되곤 했습니다.**

**힌트** 저는 ~하는 것이 허락되곤 했습니다. = **I was allowed to** 동사 .
실수를 저지르다 = **make mistakes**
저는 아직 ~일 뿐이었습니다. = **I was still only a(an)** 명사 .
학생 = **student**

➡ And I was also allowed to make mistakes, because I was still only a student.

## 4 번째 문장 영작해 보기

**따라서, 저는 가끔 제가 고등학생 시절로 돌아갈 수 있다면 좋을 것 같다는 생각을 하곤 합니다.**

**힌트** 저는 가끔 ~라는 생각을 하곤 합니다. = **I sometimes think that** 문장 .
제가 ~할 수 있다면 ~일 겁니다. = **It would be** 형용사 **if I could** 동사 .
좋은 = **good**, ~로 돌아가다 = **go back to** 명사
나의 고등학생 시절 = **my high school years**

➡ So, I sometimes think that it would be good if I could go back to my high school years.

A

MP3 044

## 자, 이제 1분 동안 '영어'로 답해 볼까요?

① 도서 내 수록된 QR코드를 스캔한 후 '1분 영어 말하기 훈련 영상'이 재생되면,
② 원어민이 직접 녹음한 문장들을 한 문장씩 듣고 따라 말하는 연습을 하고,
③ 한 문장씩 말하는 연습을 끝낸 후엔, 1분짜리 영어 답변을 스스로 말해 봅니다.

**1** I think my happiest moment is when I was in high school. **2** At that time, there was nothing to worry about like getting a job or making money. **3** And I was also allowed to make mistakes, because I was still only a student. **4** So, I sometimes think that it would be good if I could go back to my high school years.

### 오늘의 영어회화 필수표현 총정리

173 **There was nothing to** 동사. = ~할 것이 하나도 없었습니다.
174 **I was allowed to** 동사. = 저는 ~하는 것이 허락되곤 했습니다.
175 **It would be** 형용사 **if I could** 동사. = 제가 ~할 수 있다면 ~일 겁니다.
176 **go back to** 명사 = ~로 돌아가다

Lesson

# 045 내 삶의 행복했던 기억, '첫 월급'

Q

**Tell me about the happiest moment in your life.**

당신의 삶에서 가장 행복했던 순간을 제게 말해 보세요.

**이런 내용으로 답해 보면 어떨까요?**

저는 제 가장 행복했던 순간이 제가 첫 월급을 받았을 때라고 생각합니다. 졸업 후, 저는 1년간 취업하는 데에 실패하여 매우 힘든 시간을 보냈습니다. 하지만 마침내 저는 1년 뒤 일자리를 구했고, 따라서 첫 월급을 받았을 때 전 너무나 기뻤습니다. 그 돈으로, 저는 부모님께 선물을 사드리고 제 친구들과 술자리를 가졌습니다.

## 1 번째 문장 영작해 보기

**저는 제 가장 행복했던 순간이
제가 첫 월급을 받았을 때라고 생각합니다.**

힌트 저는 ~라고 생각합니다. = **I think** ___문장___.
제 가장 행복했던 순간은 제가 ~했을(였을) 때입니다.
= **My happiest moment is when I** ___과거형 동사___.
나의 첫 월급을 받다(받았다) = **get(got) my first paycheck**

➡ I think my happiest moment is when I got my first paycheck.

## 2 번째 문장 영작해 보기

**졸업 후, 저는 1년간 취업하는 데에 실패하여
매우 힘든 시간을 보냈습니다.**

힌트 졸업 후(제가 졸업한 후) = **after I graduated**
매우 힘든 시간을 보내다(보냈다) = **have(had) a really hard time**
저는 ~하는 데에 실패했습니다. = **I failed to** ___동사___.
회사에 들어가다(취업하다) = **enter a company**, 1년간 = **for a year**

➡ After I graduated, I had a really hard time because I failed to enter a company for a year.

## 3 번째 문장 영작해 보기

**하지만 마침내 저는 1년 뒤 일자리를 구했고,**
**따라서 첫 월급을 받았을 때 너무나 기뻤습니다.**

힌트 마침내 저는 ~했습니다. = **I finally** 과거형 동사 .
일자리를 구하다(구했다) = **get(got) a job**, 1년 뒤 = **after one year**
저는 ~했을 때 너무나 기뻤습니다. = **I was very happy when I** 과거형 동사 .
나의 첫 월급을 받다(받았다) = **get(got) my first paycheck**

➡ But I finally got a job after one year, so I was very happy when I got my first paycheck.

## 4 번째 문장 영작해 보기

**그 돈으로, 저는 부모님께 선물을 사드리고**
**제 친구들과 술자리를 가졌습니다.**

힌트 ~으로 = **with** 명사 , 그 돈 = **that money**
저는 A에게 ~을 사주었습니다. = **I bought** 명사 **for A**.
저는 ~와 술을 마셨습니다(술자리를 가졌습니다). = **I had drinks with** 명사 .
나의 부모님 = **my parents**, 나의 친구들 = **my friends**, 선물 = **present**

➡ With that money, I bought some presents for my parents and had drinks with my friends.

A

MP3 045

## 자, 이제 1분 동안 '영어'로 답해 볼까요?

① 도서 내 수록된 QR코드를 스캔한 후 '1분 영어 말하기 훈련 영상'이 재생되면,
② 원어민이 직접 녹음한 문장들을 한 문장씩 듣고 따라 말하는 연습을 하고,
③ 한 문장씩 말하는 연습을 끝낸 후엔, 1분짜리 영어 답변을 스스로 말해 봅니다.

**1** I think my happiest moment is when I got my first paycheck. **2** After I graduated, I had a really hard time because I failed to enter a company for a year. **3** But I finally got a job after one year, so I was very happy when I got my first paycheck. **4** With that money, I bought some presents for my parents and had drinks with my friends.

**오늘의 영어회화 필수표현 총정리**

177 **get one's first paycheck** = ~의 첫 월급을 받다
178 **have a (really) hard time** = (매우) 힘든 시간을 보내다
179 **fail to 동사** = ~하는 데에 실패하다
180 **get a job** = 일자리를 구하다, 취업하다

Lesson 046

# 내가 과거에 저지른 실수 & 실패

## Q Tell me about one of the biggest failures or mistakes in your life.

당신 삶에 있어 가장 큰 실패나 실수 중 하나에 대해 이야기해 보세요.

**이런 내용으로 답해 보면 어떨까요?**

제 기억에 한 번은 제가 대학 수업 중 한 곳에서 D를 받았었던 일이 있었습니다. 그 수업에서, 저는 시험을 위해 동급생들과 조별 발표를 준비해야만 했습니다. 하지만 결과는 나빴습니다, 왜냐면 제가 조장으로서 이들과 제대로 소통하지 못했기 때문입니다. 이러한 경험을 통해, 저는 제 자신이 인간 관리 능력의 중요성을 배우게 되었다고 생각합니다.

## 1 번째 문장 영작해 보기

**제 기억에 한 번은 제가 대학 수업 중 한 곳에서 D를 받았었던 일이 있었습니다.**

 제 기억에 ~라는 일이 있었습니다. = **I remember that** <u>과거형 문장</u>.
한 번은 제가 ~했었습니다. = **I once** <u>과거형 동사</u>.
D를 받다(받았다) = **get(got) a D**
나의 대학 수업 중 한 곳에서 = **in one of my college classes**

➡ I remember that I once got a D in one of my college classes.

## 2 번째 문장 영작해 보기

**그 수업에서, 저는 시험을 위해 동급생들과 조별 발표를 준비해야만 했습니다.**

 그 수업에서 = **in that class**
저는 A를 위해 ~해야만 했습니다. = **I had to** <u>동사</u> **for A**.
준비하다 = **prepare**, 조별 발표 = **group presentation**
~와 함께 = **with** <u>명사</u>, 나의 동급생 = **my classmate**, 시험 = **test**

➡ In that class, I had to prepare a group presentation with my classmates for the test.

## 3 번째 문장 영작해 보기

**하지만 결과는 나빴습니다, 왜냐면 제가 조장으로서 이들과 제대로 소통하지 못했기 때문입니다.**

힌트 결과는 ~했습니다. = **The result was** 형용사 .
나쁜 = **bad**, 저는 ~하지 못했습니다. = **I didn't** 동사 .
~와 잘(제대로) 소통하다 = **communicate well with** 명사
~로서 = **as** 명사 , 조장 = **group leader**

➡ But the result was bad, because I didn't communicate well with them as a group leader.

## 4 번째 문장 영작해 보기

**이러한 경험을 통해, 저는 제 자신이 인간 관리 능력의 중요성을 배우게 되었다고 생각합니다.**

힌트 이러한 경험으로부터, 이러한 경험을 통해 = **from this experience**
저는 ~라고 생각합니다. = **I think** 문장 .
저는 ~의 중요성을 배웠습니다. = **I learned the importance of** 명사 .
인간 관리 능력 = **man-management skill**

➡ From this experience, I think I learned the importance of man-management skills.

MP3 046

## 자, 이제 1분 동안 '영어'로 답해 볼까요?

① 도서 내 수록된 QR코드를 스캔한 후 '1분 영어 말하기 훈련 영상'이 재생되면,
② 원어민이 직접 녹음한 문장들을 한 문장씩 듣고 따라 말하는 연습을 하고,
③ 한 문장씩 말하는 연습을 끝낸 후엔, 1분짜리 영어 답변을 스스로 말해 봅니다.

**1** I remember that I once got a D in one of my college classes. **2** In that class, I had to prepare a group presentation with my classmates for the test. **3** But the result was bad, because I didn't communicate well with them as a group leader. **4** From this experience, I think I learned the importance of man-management skills.

**오늘의 영어회화 필수표현 총정리**

181 **prepare a group presentation** = 조별 발표를 준비하다
182 **communicate well with** 명사 = ~와 잘(제대로) 소통하다
183 **learn the importance of** 명사 = ~의 중요성을 배우다
184 **man-management skill** = 인간 관리 능력

# Lesson 047

# 내가 업무상 겪었던 문제 '빡빡한 일정'

## Q

**Have you ever had any troubles with your boss?**

당신은 당신의 상사와 문제가 있었던 적이 있나요?

**이런 내용으로 답해 보면 어떨까요?**

네, 있습니다, 왜냐면 제 상사가 제게 너무 빡빡한 업무 일정을 줬기 때문입니다. 몇 주 전, 제가 1달 안에 끝내기로 되어 있었던 큰 프로젝트가 하나 있었습니다. 하지만 상사가 제게 일정이 변경되었다고 말했고, 그로 인해 저는 2주 안에 이를 마무리해야 했습니다. 저는 그(상사)에게 매우 실망했습니다. 왜냐면 그가 저를 전혀 신경 써주지 않는 것 같았기 때문입니다.

## 1 번째 문장 영작해 보기

**네, 있습니다, 왜냐면 제 상사가 제게 너무 빡빡한 업무 일정을 줬기 때문입니다.**

**힌트** 네, 있습니다. = **Yes, I have.** ('Have you ~?' 질문에 대한 대답)
A는 내게 ~을 주었습니다. = **A gave me** ＿명사＿.
~했던 업무 일정 = **work schedule that was** ＿형용사＿
너무 빡빡한, 너무 타이트한 = **too tight**

➡ Yes, I have, because my boss gave me a work schedule that was too tight.

## 2 번째 문장 영작해 보기

**몇 주 전, 제가 1달 안에 끝내기로 되어 있었던 큰 프로젝트가 하나 있었습니다.**

**힌트** 몇 주 전 = **a few weeks ago**
~이 하나 있었습니다. = **There was a(an)** ＿명사＿.
내가 ~하기로 되어 있었던 A = **A that I was supposed to** ＿동사＿
끝내다 = **finish**, ~ 안에(뒤에) = **in** ＿기간＿, 1달 = **a month**

➡ A few weeks ago, there was a big project that I was supposed to finish in a month.

## 3 번째 문장 영작해 보기

**하지만 상사가 일정이 변경되었다고 말했고,**
**그로 인해 저는 2주 안에 이를 마무리해야 했습니다.**

힌트 A는 제게 ~라고 말했습니다. = A told me that 문장 .
~이 변경되었다. = 명사 **was(were) changed**.
일정 = **schedule**, 저는 ~해야 했습니다. = **I had to** 동사 .
마무리하다 = **finish**, ~ 안에(뒤에) = **in** 기간 , 2주 = **two weeks**

➡ But my boss told me that the schedule was changed and that I had to finish it in two weeks.

## 번째 문장 영작해 보기

**저는 그(상사)에게 매우 실망했습니다, 왜냐면**
**그가 저를 전혀 신경 써주지 않는 것 같았기 때문입니다.**

힌트 저는 ~에게 (매우) 실망했습니다.
= **I was (very) disappointed with** 명사 .
그는 전혀 ~하지 않는 것 같았습니다. = **He didn't seem to** 동사 **at all**.
~을 신경 써주다 = **care about** 명사

➡ I was very disappointed with him because he didn't seem to care about me at all.

MP3 047

## 자, 이제 1분 동안 '영어'로 답해 볼까요?

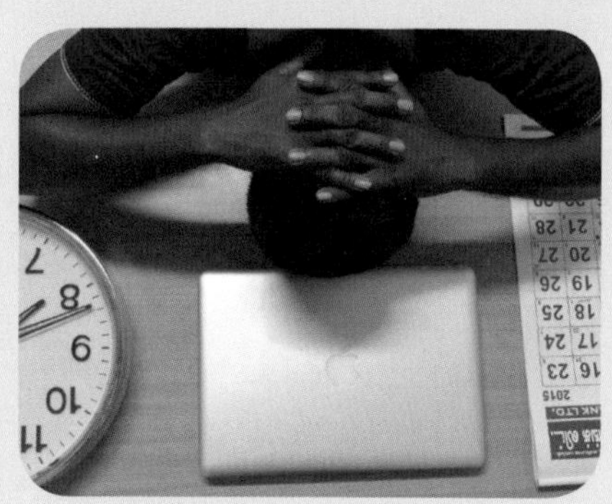

① 도서 내 수록된 QR코드를 스캔한 후 '1분 영어 말하기 훈련 영상'이 재생되면,
② 원어민이 직접 녹음한 문장들을 한 문장씩 듣고 따라 말하는 연습을 하고,
③ 한 문장씩 말하는 연습을 끝낸 후엔, 1분짜리 영어 답변을 스스로 말해 봅니다.

**1** Yes, I have, because my boss gave me a work schedule that was too tight. **2** A few weeks ago, there was a big project that I was supposed to finish in a month. **3** But my boss told me that the schedule was changed and that I had to finish it in two weeks. **4** I was very disappointed with him because he didn't seem to care about me at all.

**오늘의 영어회화 필수표현 총정리**

**185** **give a work schedule that is** 형용사 = ~한 업무 일정을 주다
**186** **I was supposed to** 동사. = 저는 ~하기로 되어 있었습니다.
**187** **finish A in** 기간 = A를 ~안에(뒤에) 끝내다
**188** **A didn't seem to** 동사. = A는 ~하지 않는 것 같았습니다.

Lesson

# 048

# 내가 업무상 겪었던 문제 '잘 안 맞는 사람'

Q

## Have you ever had any troubles with your boss?

당신은 당신의 상사와 문제가 있었던 적이 있나요?

**이런 내용으로 답해 보면 어떨까요?**

네, 있습니다, 왜냐면 우린 너무나 다른 업무 방식을 갖고 있기 때문입니다. 제 상사는 일을 과하게 빨리 하는 경향이 있지만, 저는 적정한 속도로 일을 하는 편입니다. 따라서 이러한 다른 업무 방식으로 인해 저는 그(상사)와 자주 논쟁을 벌여왔습니다. 그는 저를 이해하지 못하는 것처럼 보였고, 따라서 저는 그저 그가 원했던 방식으로 일을 해야만 했습니다.

## 1 번째 문장 영작해 보기

**네, 있습니다, 왜냐면 우린 너무나 다른 업무 방식을 갖고 있기 때문입니다.**

힌트 네, 있습니다. = **Yes, I have.** ('Have you ~?' 질문에 대한 대답)
우린 ~을 갖고 있습니다. = **We have** __명사__.
너무나 다른 ~ = **very different** __명사__
업무 방식, 일하는 방식 = **work style**

➡ Yes, I have, because we have very different work styles.

## 2 번째 문장 영작해 보기

**제 상사는 일을 과하게 빨리 하는 경향이 있지만, 저는 적정한 속도로 일을 하는 편입니다.**

힌트 A는 ~하는 경향이 있습니다. = **A tend(s) to** __동사__.
일을 너무(과하게) 빨리 하다 = **work too fast**
~한 속도로 일을 하다 = **work at a(an)** __형용사__ **speed**
합리적인, 타당한, 적정한 = **reasonable**

➡ My boss tends to work too fast, but I tend to work at a reasonable speed.

## 3 번째 문장 영작해 보기

**따라서 이러한 다른 업무 방식으로 인해 저는 그(상사)와 자주 논쟁을 벌여왔습니다.**

힌트 저는 자주 ~해왔습니다. = **I have often** 과거분사형 동사 .
논쟁을 벌이다 = **have arguments** ('have'의 과거분사형 동사는 'had')
~으로 인해, ~ 때문에 = **because of** 명사
다른 업무 방식 = **different work style**

➡ So I have often had arguments with him, because of these different work styles.

## 4 번째 문장 영작해 보기

**그는 저를 이해하지 못하는 것처럼 보였고, 따라서 저는 그저 그가 원했던 방식으로 일을 해야만 했습니다.**

힌트 그는 ~하지 못하는 것처럼 보였습니다. = **He seemed not to** 동사 .
이해하다 = **understand**
저는 (그저) ~해야만 했습니다. = **I (just) had to** 동사 .
일하다 = **work**, A가 원했던 방식으로 = **the way A wanted**

➡ He seemed not to understand me, so I just had to work the way he wanted.

A

MP3 048

## 자, 이제 1분 동안 '영어'로 답해 볼까요?

① 도서 내 수록된 QR코드를 스캔한 후 '1분 영어 말하기 훈련 영상'이 재생되면,
② 원어민이 직접 녹음한 문장들을 한 문장씩 듣고 따라 말하는 연습을 하고,
③ 한 문장씩 말하는 연습을 끝낸 후엔, 1분짜리 영어 답변을 스스로 말해 봅니다.

**1** Yes, I have, because we have very different work styles. **2** My boss tends to work too fast, but I tend to work at a reasonable speed. **3** So I have often had arguments with him, because of these different work styles. **4** He seemed not to understand me, so I just had to work the way he wanted.

**오늘의 영어회화 필수표현 총정리**

**189** **have different work styles** = 다른 업무 방식을 갖고 있다
**190** **A tend(s) to** 동사 . = A는 ~하는 경향이 있습니다.
**191** **have arguments with A** = A와 논쟁을 벌이다
**192** **work the way A want(s)** = A가 원하는 방식으로 일하다

Lesson 049

# 나의 해외 여행 경험

Q

**Have you ever been to a foreign country? Where was it?**

당신은 외국에 가 본 적이 있나요?
그곳은 어디였나요?

**이런 내용으로 답해 보면 어떨까요?**

네, 저는 외국에 가 본 경험이 있으며, 그곳은 바로 중국이었습니다. 저는 작년에 가족들과 함께 중국으로 여행을 갔고, 이는 패키지 여행이었습니다. 우린 천안문 광장, 그리고 자금성과 같은 많은 관광 명소들을 방문했습니다. 우린 그곳에서 4박 5일 동안 머물렀으며, 이는 정말 멋진 여행이었습니다.

## 1 번째 문장 영작해 보기

**네, 저는 외국에 가 본 경험이 있으며,**
**그곳은 바로 중국이었습니다.**

힌트 저는 ~에 가 본 경험이 있습니다. = **I have been to** 명사 .
외국 = **foreign country**
그것(그곳)은 ~였습니다. = **It was** 명사 .
중국 = **China** (참고로 'Chinese'는 '중국의, 중국인'이라는 뜻입니다.)

➡ Yes, I have been to a foreign country, and it was China.

## 2 번째 문장 영작해 보기

**저는 작년에 가족들과 함께 중국으로 여행을 갔고,**
**이는 패키지 여행이었습니다.**

힌트 저는 A와 함께 ~로 여행을 갔습니다. = **I traveled to** 명사 **with A**.
중국 = **China**, 나의 가족 = **my family**, 작년(에) = **last year**
이는 ~(인) 여행이었습니다. = **It was a(an)** ____ **tour**.
패키지 여행 = **package tour**

➡ I traveled to China with my family last year, and it was a package tour.

## 3 번째 문장 영작해 보기

**우린 천안문 광장, 그리고 자금성과 같은 많은 관광 명소들을 방문했습니다.**

**힌트** 우린 ~을 방문했습니다. = **We visited** 명사 .
관광 명소 = **tourist attraction**
A, 그리고 B와 같은 = **such as A and B**
천안문 광장 = **Tiananmen Square**, 자금성 = **the Forbidden City**

➡ We visited many tourist attractions, such as Tiananmen Square and the Forbidden City.

## 4 번째 문장 영작해 보기

**우린 그곳에서 4박 5일 동안 머물렀으며, 이는 정말 멋진 여행이었습니다.**

**힌트** 우린 그곳에서 ~ 동안 머물렀습니다. = **We stayed there for** 기간 .
4박 5일 = **five days and four nights**
이는 정말 ~한 여행이었습니다. = **It was a really** 형용사 **trip**.
멋진, 훌륭한 = **nice**

➡ We stayed there for five days and four nights, and it was a really nice trip.

A

MP3 049

## 자, 이제 1분 동안 '영어'로 답해 볼까요?

① 도서 내 수록된 QR코드를 스캔한 후 '1분 영어 말하기 훈련 영상'이 재생되면,
② 원어민이 직접 녹음한 문장들을 한 문장씩 듣고 따라 말하는 연습을 하고,
③ 한 문장씩 말하는 연습을 끝낸 후엔, 1분짜리 영어 답변을 스스로 말해 봅니다.

**1** Yes, I have been to a foreign country, and it was China. **2** I traveled to China with my family last year, and it was a package tour. **3** We visited many tourist attractions, such as Tiananmen Square and the Forbidden City. **4** We stayed there for five days and four nights, and it was a really nice trip.

### 오늘의 영어회화 필수표현 총정리

193 **I have been to** 명사 . = 저는 ~에 가 본 적이 있습니다.
194 **travel to** 명사 = ~로 여행을 가다
195 **visit tourist attractions** = 관광 명소들을 방문하다
196 **stay for** ___ **days and** ___ **nights** = ~박 ~일 동안 머물다

Lesson

050

# 내게 인상 깊었던 여행

Q

**Tell me about your most memorable traveling experience.**

당신의 가장 인상 깊었던 여행 경험에 대해 이야기해 보세요.

이런 내용으로 답해 보면 어떨까요?

전 제가 26살 무렵 유럽으로 여행을 갔었던 일이 기억납니다. 이는 배낭 여행이었고, 전 제 절친한 친구들과 함께 그곳에 갔었습니다. 모든 유럽 국가들엔 아름다운 성당들이 굉장히 많이 있었습니다. 저는 사람들이 그 같은 아름다운 건축물들을 세울 수 있었다는 사실에 정말 깊은 감명을 받았습니다.

## 1 번째 문장 영작해 보기

**전 제가 26살 무렵 유럽으로 여행을 갔었던 일이 기억납니다.**

힌트 저는 ~라는 일이 기억납니다. = **I remember that** 과거형 문장 .
저는 ~로 여행을 갔었습니다. = **I traveled to** 명사 .
제가 ~살 무렵 = **when I was** 숫자
유럽 = **Europe**, 26 = **twenty six**

➡ I remember that I traveled to Europe when I was twenty six.

## 2 번째 문장 영작해 보기

**이는 배낭 여행이었고,
전 제 절친한 친구들과 함께 그곳에 갔었습니다.**

힌트 이는 ~(인) 여행이었습니다. = **It was a(an)** ____ **trip**.
배낭 여행 = **backpacking trip**
저는 그곳에 ~와 갔었습니다. = **I went there with** 명사 .
나의 절친한 친구들 = **my close friends**

➡ It was a backpacking trip, and I went there with my close friends.

## 3 번째 문장 영작해 보기

**모든 유럽 국가들엔 아름다운 성당들이 굉장히 많이 있었습니다.**

힌트 ~이 굉장히 많이 있었습니다. = **There were so many** __복수 명사__.
아름다운 = **beautiful**, 성당 = **cathedral**
모든 ~에 = **in all** __복수 명사__
유럽 국가 = **European country**

______________________________

______________________________

➡ There were so many beautiful cathedrals in all European countries.

## 4 번째 문장 영작해 보기

**저는 사람들이 그 같은 아름다운 건축물들을 세울 수 있었다는 사실에 정말 깊은 감명을 받았습니다.**

힌트 저는 ~라는 사실에 (정말) 깊은 감명을 받았습니다.
= **I was (so) impressed that** __문장__.
사람들이 ~할 수 있었습니다. = **People could** __동사__.
짓다, 세우다 = **build**, 아름다운 = **beautiful**, 건축물 = **structure**

______________________________

______________________________

➡ I was so impressed that people could build those beautiful structures.

MP3 050

## 자, 이제 1분 동안 '영어'로 답해 볼까요?

① 도서 내 수록된 QR코드를 스캔한 후 '1분 영어 말하기 훈련 영상'이 재생되면,
② 원어민이 직접 녹음한 문장들을 한 문장씩 듣고 따라 말하는 연습을 하고,
③ 한 문장씩 말하는 연습을 끝낸 후엔, 1분짜리 영어 답변을 스스로 말해 봅니다.

**1** I remember that I traveled to Europe when I was twenty six. **2** It was a backpacking trip, and I went there with my close friends. **3** There were so many beautiful cathedrals in all European countries. **4** I was so impressed that people could build those beautiful structures.

### 오늘의 영어회화 필수표현 총정리

197 **I remember that** 과거형 문장. = 저는 ~라는 일이 기억납니다.
198 **traveled to** 명사 **when A was** 숫자 = A가 ~살 무렵 ~로 여행을 갔다
199 **go to** 명사 **with one's close friends** = ~의 절친한 친구들과 ~에 가다
200 **I was impressed that** 문장. = 저는 ~에 깊은 감명을 받았습니다.

# 부 록

# 1문1답 영어회화 필수표현 200

앞서 우리는 6개 주제별로 총 50개의 1분 영어 말하기 훈련을 하며, 영어회화에 쓰이는 필수표현 200개를 배웠습니다. 정말 수고하셨습니다! 부록에서는 배웠던 표현들을 제대로 습득하고 있는지 체크해보고, 만약 완벽히 암기하지 못한 표현이 있을 경우 개별적으로 체크를 해둔 뒤 반복적으로 연습을 해보도록 하세요.

## 1문1답 영어회화 필수표현 200

- □ 001 **My name is 본인의 이름 .** = 제 이름은 ~입니다.
- □ 002 **I'm 나이만큼의 숫자 now.** = 저는 현재 ~살입니다.
- □ 003 **I studied 전공 at a college.** = 저는 대학에서 ~을 공부했습니다.
- □ 004 **I'm a(an) 형용사 person.** = 저는 ~한 사람입니다.
- □ 005 **I (really) like 명사 .** = 저는 ~을 (정말) 좋아합니다.
- □ 006 **I think 문장 .** = 제 생각에 ~입니다. (저는 ~라고 생각합니다.)
- □ 007 **I have a(an) 형용사 personality.** = 저는 성격이 ~합니다.
- □ 008 **I always 동사 .** = 저는 항상 ~합니다.
- □ 009 **I like to 동사 .** = 저는 ~하는 걸 좋아합니다.
- □ 010 **I'm 형용사 in my work.** = 저는 일에 있어 ~합니다.
- □ 011 **I always 동사 before I 동사 .** = 저는 ~하기 전 항상 ~합니다.
- □ 012 **It helps me 동사 .** = 이것은 제가 ~하도록 해줍니다.
- □ 013 **when it comes to 명사** = ~을 보자면 (~에 관해서는)
- □ 014 **when I 동사** = 전 ~하면 (전 ~할 때면)
- □ 015 **I'm not that good at 동사-ing .** = 저는 ~하는 데 그리 능숙하지 못합니다.
- □ 016 **I don't think 문장 .** = 저는 ~하지 않다고 생각합니다.
- □ 017 **I'm trying to be 형용사 .** = 저는 ~해지려고 노력 중입니다.
- □ 018 **I tend to 동사 .** = 저는 ~하는 경향이 있습니다.
- □ 019 **I often 동사 .** = 저는 종종 ~합니다.
- □ 020 **have trouble with 명사** = ~에 있어 어려움을 겪다
- □ 021 **no matter how hard I 동사** = 내가 아무리 열심히 ~해도
- □ 022 **Now, I'm living in 장소 .** = 현재, 저는 ~에 거주하고 있습니다.
- □ 023 **I've been living here for 기간 .** = 전 이곳에서 ~ 동안 거주해 왔습니다.
- □ 024 **I have to 동사 .** = 저는 ~해야 합니다.
- □ 025 **There is(are) 명사 .** = ~가 있습니다.

□ 026 **I like/dislike that 문장 .** = 저는 ~라는 점을 좋아/싫어합니다.

□ 027 **A have(has) 명사 .** = A는 ~을 갖고 있습니다. (A엔 ~가 있습니다.)

□ 028 **It is good for 동사-ing .** = 이는 ~하기에 좋습니다.

□ 029 **A is(are) too far from B.** = A는 B에서 너무 멉니다.

□ 030 **I usually(normally) 동사 .** = 저는 주로(보통) ~합니다.

□ 031 **I 동사 at (about) 시각 .** = 저는 (대략) ~시에 ~합니다.

□ 032 **Sometimes I 동사 .** = 가끔 저는 ~합니다.

□ 033 **from 시각 1 to 시각 2** = ~시부터 ~시까지

□ 034 **I usually watch 명사 .** = 저는 주로 ~을 봅니다.

□ 035 **I like to watch 명사 .** = 저는 ~을 보는 걸 좋아합니다.

□ 036 **get tired of 동사-ing** = ~하는 것에 싫증이 나다

□ 037 **play games on one's smart phone** = ~의 스마트폰으로 게임을 하다

□ 038 **I 동사 (almost) every day.** = 저는 (거의) 매일 ~합니다.

□ 039 **eat out with 명사** = ~와 함께 외식을 하다

□ 040 **go out for lunch with 명사** = ~와 함께 점심을 먹으러 나가다

□ 041 **buy 명사 at the convenience store** = 편의점에서 ~을 사다

□ 042 **I 동사 for 시간 hour(s) a day.** = 저는 하루에 ~ 시간 동안 ~합니다.

□ 043 **read articles/fun stories** = 기사들/재미난 얘깃거리들을 읽다

□ 044 **leave comments on 명사** = ~에 댓글을 남기다

□ 045 **find information for 명사** = ~에 필요한 정보를 찾다

□ 046 **I especially like to 동사 .** = 저는 특히 ~하는 걸 좋아합니다(즐깁니다).

□ 047 **exchange text messages** = 문자 메시지를 주고 받다

□ 048 **use the unlimited data plan** = 데이터 무제한 요금제를 쓰다(사용하다)

□ 049 **save money on one's bill** = ~의 청구서 요금을 절약하다

□ 050 **breathe in the fresh morning air** = 신선한 아침 공기를 마시다

## 1문1답 영어회화 필수표현 200

- □ 051 **do some warm up exercises** = 준비 운동을 하다
- □ 052 **do some light stretching** = 가벼운 스트레칭을 하다
- □ 053 **listen to some music like 명사** = ~와 같은 음악을 듣다
- □ 054 **I live alone in 장소 .** = 저는 ~에 혼자 삽니다.
- □ 055 **go to one's hometown** = ~의 고향에 가다
- □ 056 **visit one's parents** = ~의 부모님을 찾아 뵙다
- □ 057 **make and share food** = 음식을 만들고 나누어 먹다
- □ 058 **I'd like to 동사 .** = 저는 ~했으면 합니다. (격식을 갖춰서 말할 때)
- □ 059 **I've known A for 기간 .** = 저는 A를 ~ 동안 알고 지내고 있습니다.
- □ 060 **get close very fast** = 매우 빠르게 가까워지다
- □ 061 **have a nice sense of humor** = 유머 감각이 좋다
- □ 062 **hang out with 명사 (after work)** = (퇴근 후) ~와 어울리다
- □ 063 **have drinks with 명사** = ~와 술을 마시다
- □ 064 **talk about one's daily life(lives)** = ~의 일상에 대한 이야기를 나누다
- □ 065 **do outdoor activities** = 야외 활동을 하다
- □ 066 **inspire(motivate) me the most** = 나를 가장 많이 자극(동기 부여)하다
- □ 067 **never give up on anything** = 절대 그 어떤 것도 포기하지 않다
- □ 068 **use A as a chance to 동사** = A를 ~할 기회로 활용하다
- □ 069 **live my life to the fullest** = 내 삶을 최선을 다해 살다
- □ 070 **easygoing and fun to socialize with** = 어울리기 편하고 재미있는
- □ 071 **have drinks after work** = 퇴근 후 술을 마시다
- □ 072 **listen to 명사 very carefully** = ~(의 말)을 굉장히 주의 깊게 들어주다
- □ 073 **respect one's opinion** = ~의 의견을 존중해 주다
- □ 074 **I've been 동사-ing for 기간 .** = 저는 ~ 동안 ~해오고 있습니다.
- □ 075 **listen to me well** = 내 말에 잘 귀 기울이다

완벽히 외우지 못한 표현들은 박스(□)에 체스(V) 표시를 한 뒤 반복 연습하세요.

□ 076 **talk behind someone's back(s)** = ~의 험담을 하다

□ 077 **work hard for __명사__** = ~을 위해 열심히 일하다

□ 078 **A never say(s) __문장__.** = A는 절대 ~라고 말하지 않습니다.

□ 079 **think of __명사__ before oneself** = ~을 자기 자신보다 먼저 생각하다

□ 080 **I think I should __동사__.** = 전 ~해야겠다는 생각을 합니다.

□ 081 **A was the founder of __명사__.** = A는 ~의 설립자였습니다.

□ 082 **A created __명사__.** = A는 ~을 창조해냈습니다.

□ 083 **His(Her) key to success is that __문장__.** = 그(그녀)의 성공 비결은 ~입니다.

□ 084 **A never stopped __동사-ing__.** = A는 ~하길 절대 멈추지 않았습니다.

□ 085 **I can say that __문장__.** = ~라고 할 수 있습니다.

□ 086 **His(Her) performances are __형용사__.** = 그(그녀)의 연기는 ~합니다.

□ 087 **give one's best performance** = ~의 가장 뛰어난 연기를 보여주다

□ 088 **get the Best Actor/Actress Awards** = 최우수 남자/여자 연기자 상을 타다

□ 089 **I want to __동사__.** = 저는 ~하고 싶습니다.

□ 090 **ask __누구__ for his(her) autograph** = ~에게 사인을 부탁하다

□ 091 **get one's autograph on __명사__** = ~에 그(그녀)의 사인을 받다

□ 092 **the most unforgettable memory** = 가장 잊지 못할 추억

□ 093 **My favorite __명사__ is A.** = 제가 가장 좋아하는 ~은 A입니다.

□ 094 **laugh a lot** = 많이 웃다

□ 095 **release stress** = 스트레스를 풀다(해소하다)

□ 096 **download A from the Internet** = 인터넷에서 A를 다운로드 받다

□ 097 **A depend(s) on __명사__.** = A는 ~에 달려 있습니다(~에 따라 결정됩니다).

□ 098 **listen to ____ music** = ~(라는) 음악을 듣다

□ 099 **when I feel down/depressed** = 내가 기분이 저조/우울할 때

□ 100 **when I relax at __장소__** = 내가 ~에서 느긋하게 쉴 때

# 1문1답 영어회화 필수표현 200

☐ 101 **go well with ___명사___** = ~와 잘 어울리다

☐ 102 **I'm trying not to ___동사___.** = 전 ~하지 않으려고 노력 중입니다.

☐ 103 **eat ___명사___ too much** = ~을 너무 많이 먹다

☐ 104 **lose weight** = 살을 빼다, 체중을 감량하다

☐ 105 **play (video) games** = (비디오) 게임을 하다

☐ 106 **I can ___동사___.** = 저는 ~할 수 있습니다.

☐ 107 **create ___명사___ in cyberspace** = 가상 공간에 ~을 만들다(창조하다)

☐ 108 **I (really) enjoy ___명사___.** = 저는 ~을 (정말) 즐깁니다.

☐ 109 **I just like to ___동사___.** = 저는 단지 ~하는 걸 좋아합니다.

☐ 110 **I like ___명사___ best.** = 저는 ~을 가장 좋아합니다.

☐ 111 **He(She) is a(an) ___형용사___ player.** = 그(그녀)는 ~한 선수입니다.

☐ 112 **try one's best to ___동사___** = ~하기 위해 최선을 다하다

☐ 113 **go shopping at ___명사___** = ~로 쇼핑하러 가다

☐ 114 **once / twice / three times a week** = 일주일에 한 번 / 두 번 / 세 번

☐ 115 **The prices of products are ___형용사___.** = 물건 가격들이 ~합니다.

☐ 116 **buy ___명사___ at a reasonable price** = 합리적인 가격에 ~을 구매하다

☐ 117 **The reason I like A it that ___문장___.** = 제가 A를 좋아하는 이유는 ~입니다.

☐ 118 **I like the atmosphere(mood) of ___명사___.** = 저는 ~의 분위기를 좋아합니다.

☐ 119 **I enjoy ___명사___ a lot.** = 저는 ~을 많이 즐깁니다(즐겨 합니다).

☐ 120 **I really love ___명사___.** = 저는 ~을 굉장히 좋아합니다.

☐ 121 **have good coworkers** = 좋은 직장 동료들을 갖다

☐ 122 **be motivated to ___동사___** = ~하도록 동기 부여가 되다

☐ 123 **lead to low productivity** = 낮은 생산성으로 연결되다

☐ 124 **It is important that ___문장___.** = ~라는 점은 중요합니다.

☐ 125 **work for (about) ___시간___ hour(s) a day** = 하루에 (약) ~시간 일하다

□ 126 **get to one's office by ___시간___** = ~시까지 ~의 사무실에 도착하다

□ 127 **finish one's work at ___시간___** = ~시에 ~의 일을 끝마치다

□ 128 **work overtime** = 야근을 하다

□ 129 **have a meeting** = 회의를 하다

□ 130 **inform A of B** = A에게 B를 공지하다

□ 131 **prepare necessary ___명사___ for A** = A에 필요한 ~을 준비하다

□ 132 **give a presentation** = 발표를 하다(진행하다)

□ 133 **go for a drink** = 술 마시러 가다, 술 한 잔 하러 가다

□ 134 **ask A to ___동사___** = A에게 ~하자고 청하다

□ 135 **have a talk with ___음식___** = ~을 먹고 마시며 이야기를 나누다

□ 136 **have company dinners / gatherings** = 회식 / 모임을 갖다

□ 137 **have troubles with ___명사___** = ~와 문제가 있다

□ 138 **admit one's faults** = ~의 잘못을 인정(시인)하다

□ 139 **apologize for ___명사___** = ~에 대해 사과를 하다

□ 140 **find good solutions together** = 함께 좋은 해결책을 찾다

□ 141 **have an honest conversation** = 진솔한 대화를 하다

□ 142 **know exactly ___명사___** = ~을 정확히 알다

□ 143 **have open communication** = 열린 대화(소통)를 하다

□ 144 **recognize what caused ___명사___** = 무엇이 ~을 야기했는지 파악하다

□ 145 **manage ___명사___ effectively** = ~을 효율적으로 관리하다

□ 146 **I always try to ___동사___.** = 전 항상 ~하기 위해 노력합니다.

□ 147 **make detailed/realistic plans** = 구체적인/현실적인 계획을 세우다

□ 148 **according to ___형용사___ plans** = ~한 계획에 따라

□ 149 **morning person** = 아침형 인간

□ 150 **spend one's morning ___동사-ing___** = ~하면서 아침을 보내다

# 1문1답 영어회화 필수표현 200

□ 151 **do something productive** = 뭔가 생산적인 것을 하다

□ 152 **finish __명사__ on time** = ~을 제 시간에 끝내다

□ 153 **think positively** = 긍정적으로 생각하다

□ 154 **think A as a chance to __동사__** = A를 ~할 기회로 생각하다

□ 155 **difficulties to overcome** = 극복해야 할 어려움

□ 156 **A is the best way to __동사__.** = A가 ~하는 가장 좋은 방법입니다.

□ 157 **communicate with __명사__** = ~와 대화(소통)하다

□ 158 **get advice on how to __동사__** = ~하는 방법에 대한 조언을 구하다

□ 159 **adjust one's work schedule** = ~의 업무 일정을 조정하다

□ 160 **extend the deadline** = 마감 기한을 연장하다

□ 161 **become the best in one's field** = ~의 분야에 있어 최고가 되다

□ 162 **I'm confident that __문장__.** = 저는 ~라는 것을 자부합니다.

□ 163 **I won't stop __동사-ing__.** = 전 ~하는 것을 멈추지 않을 겁니다.

□ 164 **try hard to __동사__** = ~하기 위해 열심히 노력하다

□ 165 **live in a suburban area** = 교외 지역에서 살다(거주하다)

□ 166 **tired of __동사-ing__** = ~하는 것에 지친(싫증이 난)

□ 167 **live a busy life in a big city** = 대도시에서 바쁜 삶을 살다

□ 168 **live the rest of my life in __장소__** = ~에서 내 남은 삶을 살다

□ 169 **do/try something different** = 뭔가 다른 것을 하다/시도하다

□ 170 **I'm very interested in __명사__.** = 저는 ~에 정말 관심이 많습니다.

□ 171 **I've always wanted to __동사__.** = 저는 항상 ~하고 싶어해왔습니다.

□ 172 **run one's own __명사__** = 자신만의 ~을 운영하다

□ 173 **There was nothing to __동사__.** = ~할 것이 하나도 없었습니다.

□ 174 **I was allowed to __동사__.** = 저는 ~하는 것이 허락되곤 했습니다.

□ 175 **It would be __형용사__ if I could __동사__.** = 제가 ~할 수 있다면 ~일 겁니다.

□ 176 **go back to 명사** = ~로 돌아가다

□ 177 **get one's first paycheck** = ~의 첫 월급을 받다

□ 178 **have a (really) hard time** = (매우) 힘든 시간을 보내다

□ 179 **fail to 동사** = ~하는 데에 실패하다

□ 180 **get a job** = 일자리를 구하다, 취업하다

□ 181 **prepare a group presentation** = 조별 발표를 준비하다

□ 182 **communicate well with 명사** = ~와 잘(제대로) 소통하다

□ 183 **learn the importance of 명사** = ~의 중요성을 배우다

□ 184 **man-management skill** = 인간 관리 능력

□ 185 **give a work schedule that is 형용사** = ~한 업무 일정을 주다

□ 186 **I was supposed to 동사 .** = 저는 ~하기로 되어 있었습니다.

□ 187 **finish A in 기간** = A를 ~안에(뒤에) 끝내다

□ 188 **A didn't seem to 동사 .** = A는 ~하지 않는 것 같았습니다.

□ 189 **have different work styles** = 다른 업무 방식을 갖고 있다

□ 190 **A tend(s) to 동사 .** = A는 ~하는 경향이 있습니다.

□ 191 **have arguments with A** = A와 논쟁을 벌이다

□ 192 **work the way A want(s)** = A가 원하는 방식으로 일하다

□ 193 **I have been to 명사 .** = 저는 ~에 가 본 적이 있습니다.

□ 194 **traveled to 명사** = ~로 여행을 가다

□ 195 **visit tourist attractions** = 관광 명소들을 방문하다

□ 196 **stay for __ days and __ nights** = ~박 ~일 동안 머물다

□ 197 **I remember that 과거형 문장 .** = 저는 ~라는 일이 기억납니다.

□ 198 **traveled to 명사 when A was 숫자** = A가 ~살 무렵 ~로 여행을 갔다

□ 199 **go to 명사 with one's close friends** = ~의 절친한 친구들과 ~에 가다

□ 200 **I was impressed that 문장 .** = 저는 ~ 에 깊은 감명을 받았습니다.

좋은 책을 만드는 길
독자님과 함께하겠습니다.

## 하루 1문1답 영어 말하기의 기적 [기초편]

| | |
|---|---|
| 개정1판1쇄 | 2022년 08월 05일 (인쇄 2022년 05월 31일) |
| 초 판 발 행 | 2019년 01월 03일 (인쇄 2018년 11월 16일) |
| 발 행 인 | 박영일 |
| 책 임 편 집 | 이해욱 |
| 편 저 | SD어학연구소 |
| 편 집 진 행 | 김현진 |
| 표지디자인 | 김지수 |
| 편집디자인 | 임아람 · 장성복 |
| 발 행 처 | 시대인 |
| 공 급 처 | (주)시대고시기획 |
| 출 판 등 록 | 제 10-1521호 |
| 주 소 | 서울시 마포구 큰우물로 75 [도화동 538 성지 B/D] 9F |
| 전 화 | 1600-3600 |
| 팩 스 | 02-701-8823 |
| 홈 페 이 지 | www.sdedu.co.kr |
| I S B N | 979-11-383-2591-2 (13740) |
| 정 가 | 14,000원 |